Bibliographie

ALICE SALOMON
in ihren Schriften

zusammengestellt von
Renate Orywa und Annette Dröge
im Auftrag
der Rektorin der
Fachhochschule für
Sozialarbeit und Sozialpädagogik Berlin

CIP - **Kurztitelaufnahme der Deutschen Bibliothek**

Orywa, Renate:
Alice Salomon in ihren Schriften: eine Bibliographie / [Verf.: Renate Orywa u. Annette Dröge]. Hrsg. von d. Fachhochsch. für Sozialarbeit u. Sozialpädagogik Berlin. - Berlin:
Fachhochsch. für Sozialarbeit u. Sozialpädagogik, 1989
ISBN 3-9802082-1-4
NE: Dröge, Annette:; HST

Alle Rechte, insbesondere das Recht der Vervielfältigung und Verbreitung sowie der Übersetzung, vorbehalten. Kein Teil des Werkes darf in irgendeiner Form durch Fotokopie, Mikrofilm oder ein anderes Verfahren ohne schriftliche Genehmigung des Verlages reproduziert oder unter Verwendung elektronischer Systeme verarbeitet, vervielfältigt oder verbreitet werden.

Copyright 1989 by Fachhochschule für Sozialarbeit und Sozialpädagogik Berlin
Redaktion: Sabine Damm
Satz und Layout: Iris de Boor
Umschlag: Marlies Welz
Druck: Lentz Druck, 1000 Berlin 61
ISBN 3-980 2082-1-4

Inhaltsverzeichnis

Vorwort 1

Lebenslauf/Lebensdaten 2

Teil I Zur Situation der Frauen im Kaiserreich

Kapitel 1 Mädchen 9
- Mädchenerziehung in der Familie
- Mädchenschulreform 1908
- Mädchen(berufs)ausbildung

Kapitel 2 Frau und Beruf 18
- Allgemeines
- Zur Berufszählung 1907
- Verschiedene Berufszweige
- Arbeitsgruppe Frauenberufe des Internationalen Frauenkongresses 1904

Kapitel 3 Öffentliches Leben 27
- Frauenwahlrecht
- Frauen und Vereinsrecht
- Geburtenpolitik
- Allgemeine Wirtschaftsprobleme
- Die Frau als Konsumentin

Kapitel 4 Frauenbewegung in Deutschland 38
- Bürgerliche und proletarische Frauenbewegung
- Tagungen

Kapitel 5 Internationale Frauenbewegung 45
- Zur Frauenbewegung in anderen Ländern
- Internationale Kongresse
- Internationaler Frauenbund
- Völkerbund und Pazifismus

Teil II "Die soziale Mission der Frau" - Alice Salomons Weltanschauung

Kapitel 1 Sozialarbeit als moralische Verpflichtung
und politische Aufgabe 59
- Soziale Frauenpflichten
- Sittliche Ziele und Grundlagen der Wohlfahrtspflege
- Zum sozialen Frieden

Kapitel 2 Vorbilder 74
- Lebensbilder
- Nachrufe

Teil III Institutionalisierung der Sozialarbeit als sozialer Frauenberuf

Kapitel 1 Soziale Schulen und Wohlfahrtsschulen 83
- Soziale Frauenschule Schöneberg
- Die deutsche Akademie für soziale und pädagogische Frauenarbeit
- Schulen übergreifend

Kapitel 2 Ausbildung und Fortbildung 91
- Grundsätzliches zur Ausbildung
- Lehrbücher
- Lehrpläne
- Fortbildung und Sonderlehrgänge

Kapitel 3 Mädchen- und Frauengruppen für soziale
Hilfsarbeit 106

Kapitel 4 Sozialarbeit als Frauenberuf 111
- Die Frau in der sozialen Hilfstätigkeit (um 1900)
- Soziale Frauenarbeit als Erwerbsberuf (1913-1920)
- Sozialbeamtinnen (um 1930)

Exkurs: Internationale Konferenzen und Kongresse 119

Teil IV Soziale Arbeit und Sozialpolitik

Kapitel 1 Mutterschutz   123
- Mutterschaftsversicherung
- 28. Jahresversammlung des deutschen Vereins 1908
  in Hannover
- Auseinandersetzung mit der "Neuen Ethik" und dem
  Bund für Mutterschutz

Kapitel 2 Kinder- und Jugendfürsorge   129
- Kinderschutz verschiedener Art
- Kinderarbeit
- Jugendfürsorge

Kapitel 3 Familie - Lebensformen   135
- Familienforschung der "Deutschen Akademie für
  soziale und pädagogische Frauenarbeit"
- Die Frau im modernen Wirtschaftsleben
- Neue Lebensformen

Kapitel 4 Heimarbeit   153
- Forderungen an die Konfektionsindustrie
- Arbeitsschutz für Heimarbeiterinnen
- Zur Heimarbeiterinnenausstellung 1906

Kapitel 5 Fabrikarbeit   159
- Zur Lage der gewerblichen Arbeiterinnen
- Arbeiterinnenschutz
- Arbeitszeit/10-Stundentag
- Fabrikarbeit verheirateter Frauen
- Weibliche Gewerbeaufsicht
- Verschiedene Industriezweige und Berufsgruppen
- Arbeiterinnenclub

Kapitel 6 Sozialarbeit im I.Weltkrieg   178
- Von Kriegsnot und -hilfe und der Jugend Zukunft
- Fürsorge in Kriegszeiten - Fürsorge in Friedenszeiten
- Aufgaben der Hausfrauen im Krieg
- Fürsorge für Kriegsbeschädigte und Hinterbliebene
- Nach dem Krieg/Bilanz

Kapitel 7 Sozialarbeit im Ausland   194
   - Amerika
   - Amerikanische Wohlfahrtspflege
   - Zum Alkoholverbot
   - England
   - Die neuere Entwicklung der englischen Wohlfahrt
   - Kinderschutz
   - Settlementsbewegung
   - Fraueninitiativen
   - Volksheim-Bewegung
   - Beatrice Webb
   - Frankreich/Belgien/Polen
   - Internationaler vergleichender Überblick

Vorwort

Mit der Herausgabe dieser Bibliographie setzt die FHSS Berlin ihre Bemühungen fort, Leben, Wirken und Werk von Alice Salomon in Erinnerung zu rufen.
Von der Fachhochschule für Sozialarbeit und Sozialpädagogik wurde die Bedeutung Alice Salomons für die soziale Arbeit erstmals in einer Broschüre im Jahre 1981 gewürdigt (Rolf Landwehr, Alice Salomon und ihre Bedeutung für die soziale Arbeit, FHSS Berlin 1981). Im Jahre 1983 konnten in New York endlich die Lebenserinnerungen dieser bedeutenden Frau aus dem Englischen übersetzt und herausgegeben werden - 35 Jahre nach der Fertigstellung und nachdem die Nachlaßverwalterinnen ihr Vermächtnis zur Veröffentlichung nicht eingelöst hatten: Alice Salomon, Charakter ist Schicksal, Lebenserinnerungen (vgl. S. 5).
Gleichzeitig erschienen anläßlich der 75 Jahre zurückliegenden Gründung der sozialen Frauenschule mehrere Artikel, die einige Aspekte des Werkes von Alice Salomon in seiner heutigen Bedeutung zu erfassen suchten (Rüdeger Baron, Hrsg., Sozialarbeit und soziale Reform, Zur Geschichte eines Berufs zwischen Frauenbewegung und öffentlicher Verwaltung, Weinheim und Basel 1983).

Die vorgelegte Bibliographie verdeutlicht, wie sehr wir noch am Anfang der Beschäftigung mit dem Lebenswerk von Alice Salomon stehen. Eine angemessene Würdigung ihres umfangreichen Werkes wird erst möglich sein, wenn die im letzten Jahrzehnt begonnene Forschung zur Entstehung der bürgerlichen Frauenbewegung und zur Geschichte der sozialen Arbeit als Beruf mehr Ergebnisse geliefert hat. Die FHSS möchte mit der Herausgabe der Bibliographie dazu beitragen, die Aktualität im Werk Alice Salomons für die Sozialarbeit und die Frauenbewegung trotz ihrer zeitgebundenen Besonderheiten herauszuarbeiten.

Die bibliographischen Angaben haben Renate Orywa und Annette Dröge zusammengetragen und kommentiert, beratend tätig waren Marianne Fiedler und Rolf Landwehr.

Prof. Dr. Marlis Dürkop
Rektorin der FHSS   im März 1989

Lebenslauf

Alice Salomon wurde am 19.04.1872 in Berlin geboren. Ihre Mutter entstammte einer schlesischen Bankiersfamilie, ihr Vater war Kaufmann. Sie erhielt die zwar standesgemäße, aber von ihr selbst als äußerst unbefriedigend erlebte Bildung der "Höheren Tochter". Nach einigen mit Sticken und Häkeln verbrachten Jahren der Unausgefülltheit fand sie im Alter von 21 Jahren ihre Lebensaufgabe. Sie gehörte zu den ersten freiwilligen jungen Frauen, die den "Frauen- und Mädchengruppen für soziale Hilfsarbeit" beitraten, einer karitativen Organisation, die von sozialpolitisch aufgeschlossenen Berliner Bürgerinnen und Bürgern 1893 ins Leben gerufen und von Jeanette Schwerin und Minna Cauer geführt wurde.

Durch diese ehrenamtliche soziale Tätigkeit kam Alice Salomon in Kontakt mit Frauen aus der Frauenbewegung. Die "Gruppen" waren Mitglied im "Bund Deutscher Frauenvereine", der Dachorganisation von rund zweihundert Frauengruppen und Berufsverbänden. Der BFD bestand bis 1933 und hatte bis zu zwei Millionen Frauen zu Mitgliedern. 1900 wurde Alice Salomon in damals als sensationell geltenden jugendlichem Alter in den Engeren Vorstand gewählt. Sie arbeitete sehr aktiv für den Bund, herausragend bei der Organisation des großen, unter der Schirmherrschaft der Kaiserin 1904 in Berlin stattfindenden internationalen Frauenkongresses, bei der Einrichtung zur internationalen Frauenbewegung. Sie war später viele Jahre lang Geschäftsführerein des Verbandes der internationalen Frauenbewegung des "International Council of Women", weswegen sie von der national orientierten Mehrheit des Frauenbundes kritisiert wurde.
Auch ihr Einsatz für den Frieden wurde nicht immer mit Beifall aufgenommen, so zum Beispiel ihre Vermittlung im Jahre 1915 zwischen Reichskanzler Theobald von Bethmann Hollweg und Jane Addams, der späteren Friedensnobelpreisträgerin, die im Auftrag der internationalen Den Haager Friedenskonferenz von Frauen Berlin besuchte. Der spätere Vorsitz im Bund Deutscher Frauenvereine wurde Alice Salomon wegen ihrer jüdischen Herkunft verwehrt.

Auf Anregung von Lehrerinnen, die sich um bessere Ausbildungsmöglichkeiten für Frauen bemühten, gründete Alice Salomon in Berlin 1908 die "Soziale Frauenschule", deren langjährige Leiterin sie wurde.

Die Soziale Frauenschule war eine der Vorgängereinrichtungen der heutigen Fachhochschule für Sozialarbeit und Sozialpädagogik Berlin.

Darüber hinaus errichtete Alice Salomon die "Deutsche Akademie für soziale und pädagogische Frauenarbeit" im Jahre 1925, eine Institution zur Ausbildung und Fortbildung für Frauen in Führungspositionen der Sozialarbeit. Alice Salomon gewann führende Wissenschaftler ihrer Zeit als Referenten wie Albert Einstein, Ernst Cassirer, Ludwig Klages, C. G. Jung und natürlich führende Frauen der Bewegung wie Gertrud Bäumer, Marianne Weber, Hedwig Heyl und Anna Pappritz. An dieser Frauenakademie wurde schon damals Frauenforschung im heutigen Sinne betrieben. Alice Salomon hatte früh die Haltung der deutschen Universitäten dahingehend kritisiert, daß diese sich den Fragen des alltäglichen Lebens verschlössen, sie wünschte einen Geist in der Bildung, der die "Totalität des Lebens" umfassen sollte.

Nach der Gleichschaltungsforderung durch die Nationalsozialisten 1933 löste Alice Salomon die Akademie binnen eines Tages auf. Sie selbst verlor alle Ämter und emigrierte 1937 in die USA. Sie starb im August 1948 einsam in New York.

TEIL I

ZUR SITUATION DER FRAU IM KAISERREICH

Kapitel 1

Mädchen

Mädchenerziehung in der Familie

Die Berufswahl der Mädchen (Allgemeine Grundsätze)
in: Das Buch vom Kinde. Ein Sammelwerk für die wichtigsten Fragen der Kindheit.
Unter Mitarbeit zahlreicher Fachleute herausgegeben von Adele Schreiber.
II. Band, IV. Abschnitt: Berufe und Berufsvorbildung.
Verlag B. G. Teubner, Leipzig und Berlin 1907, S. 182-189

Der Aufsatz richtet sich an Eltern, denen Alice Salomon die Notwendigkeit einer guten Berufsausbildung für ihre Töchter - sowohl aus matieriellen Gründen als auch aus Gründen der Persönlichkeitsentwicklung - in der modernen Gesellschaft deutlich macht. Anschließend stellt sie einige Grundsätze für die Berufswahl der Mädchen auf. Die Wahl soll sich nach den persönlichen Eigenarten der Mädchen richten und ihr Geschlecht insofern berücksichtigen, als sie Berufe erlernen sollen, in denen sie als Frauen mehr und besseres leisten können als Männer, zum Beispiel Berufe, in denen pädagogische Fähigkeiten oder Geschicklichkeit gefordert sind. Sie sollen nicht in reinen Männerberufen mit den Männern konkurrieren.

Mütter und Töchter
Neue Lebensziele. Ansprachen an junge Mädchen.
Herausgegeben von Gertrud Bäumer. Heft 5.
R. Voigtländers Verlag, Leipzig 1909, (16 S.)

Der hier abgedruckte Vortrag wurde in einer Jahresversammlung der Mädchen- und Frauengruppen für soziale Hilfsarbeit in Berlin gehalten. Er behandelt den Konflikt zwischen Müttern und Töchtern des Bürgertums, der durch die neuen sozialen Verhältnisse und Strömungen hervorgerufen wurde, nämlich den Konflikt zwischen den traditionellen Anschauungen der Mütter, die ihre Töchter ausschließlich auf Ehe und Mutterschaft vorbereiten wollen, und den Freiheitsbestrebungen der

Töchter, die von neuen Lebenszielen und -idealen wissen. Ein weiterer Konflikt ergibt sich aus dem Funktionsverlust der Mutter in der Familie, der sie dazu veranlaßt, sich mehr als nötig um ihre Töchter zu kümmern, sie länger als nötig an sich zu binden. Eine langfristige Lösung dieses Konflikts sieht Alice Salomon darin, daß sich sowohl Mütter als auch Töchter neben ihren Aufgaben in der Familie neue Lebensbereiche erschließen.

Eltern und Töchter
in: Der Jungdeutschlandbund
5. Jg., Nr. 20, 15. Oktober 1916, S. 305 ff

Der Beitrag behandelt die Bedeutung der Familie für die Erziehung der Töchter sowie die neuen Anforderungen, die an die Eltern gestellt werden, wenn sie ihre Töchter sowohl zur Selbständigkeit als auch zur Einordnung in das soziale Leben erziehen wollen. Für Alice Salomon ist die Familie die Grundlage aller sozialen Kultur. Sie ist der Ort, wo das Kind lernt, sich einzuordnen und Rücksicht auf andere zu nehmen. Ganz besonderes Gewicht bekommt hier der Einfluß der Mutter, die in dieser Hinsicht Vorbild sein sollte und der Tochter die Möglichkeit geben muß, sich in ihre künftigen Aufgabengebiete einzuüben. Außerdem entwickelt das Kind in der Familie sein soziales Gewissen und seine Ideale.

Die Berufswahl der Töchter
in: Westermanns Monatshefte
72. Jg., Januar 1928, S. 515 ff

Der Beitrag enthält Ratschläge für Eltern, die sich über die Berufswahl ihrer Töchter Gedanken machen. Zunächst wird die Berufsaussicht für Frauen in einzelnen Bereichen der Landwirtschaft, im Handwerk, in der Industrie, im Handel sowie in der Wissenschaft und im Sozialwesen dargestellt. Alice Salomon ist aber der Ansicht, daß man sich bei der Berufswahl nicht in erster Linie nach wirtschaftlichen (=Einkommen und Markt) Gesichtspunkten richten sollte, sondern vor allem nach der Neigung und Begabung des Mädchens für einen bestimmten Beruf, in welchem es dann eine gründliche Ausbildung erhalten soll.
Eine gute Berufsausbildung ist unter den veränderten wirtschaftlichen und sozialen Bedingungen der modernen Welt zu einer zwingenden Notwendigkeit geworden.

Was sollen wir mit den Töchtern anfangen
in: Nachrichten des Internationalen Frauenbundes,
11. Jg., Nr. 7, März 1933, S. 65

In diesem Beitrag kritisiert Alice Salomon die Tendenz, im Zuge der Weltwirtschaftskrise und der Massenarbeitslosigkeit die Berufsausbildung der Mädchen wieder in Frage zu stellen und das Geld für die Ausbildung zu sparen, weil die Töchter ja doch später arbeitslos sein werden. Auch unter den Mädchen macht sich die Stimmung breit, die vermeintliche Geborgenheit von Ehe und Familie wieder dem Beruf, der ja doch nicht die Erfüllung aller Träume verspricht, vorzuziehen, was durch die Verwirrung der zahllosen politischen Richtungen noch bestärkt wird. Demgegenüber ist Alice Salomon der Ansicht, daß eine Berufsausbildung, auch wenn sie nicht in eine fest umrissene Karriere mündet, immer noch die beste Grundlage ist, um ein unsicherer gewordenes Leben zu meistern.

Mädchenschulreform 1908

Soziale Frauenbildung
Verlag B.G. Teubner, Leipzig und Berlin 1908, 96 S.[1]

Die Abhandlung ist gedacht als Diskussionsbeitrag zu der im preußischen Abgeordnetenhaus erörterten Mädchenschulreform. Darin werden die Wünsche der Frauen hinsichtlich der Aufgaben und Ziele der geplanten weiterführenden Mädchenschulen formuliert, so wie sie in Frauenkreisen, vor allem in den Mädchen- und Frauengruppen für soziale Hilfsarbeit, schon seit geraumer Zeit diskutiert wurden. Mit der Abhandlung sollten Anhänger für die Einführung theoretischer und praktischer sozialer Bildungselemente in den Frauenschulen gewonnen werden. Der erste Teil enthüllt und begründet die Forderung nach einer sozialen Ausbildung in der Frauenschule, die die Frauen nicht nur in die Lage versetzen soll, ihren Pflichten als Frau und Mutter in der Familie nachzukommen, sondern auch Bildungsmöglichkeiten für die Wahrnehmung öffentlicher sozialer Aufgaben bietet. Der zweite Teil behandelt die fachliche Ausbildung zur sozialen Arbeit, die die Frauen

---

1 Die 2. Auflage dieses Buches (erweitert und verändert) erschien 1917, siehe unter Teil III/2 Ausbildung und Fortbildung.

befähigen soll, ihren sozialen Bürgerpflichten auch tatsächlich nachzukommen und es nicht beim guten Willen zu belassen. Als konkrete Vorschläge für Lehrpläne und Lehrziele befindet sich im Anhang eine Übersicht über die Vortragskurse der Berliner Gruppen für soziale Hilfsarbeit und der Lehrplan der Sozialen Frauenschule Schöneberg.

Das Projekt der Frauenschule
Vortrag, Sonderdruck, Berlin o.J., 16 S.

In diesem Vortrag setzt sich Alice Salomon mit den Bestimmungen der preußischen Regierung über die Reform des höheren Mädchenschulwesens vom 18. August 1908 auseinander. Sie kritisiert einige Punkte, zum Beispiel die Möglichkeiten, die weiterführende Bildung auf ein Jahr zu beschränken und die Kürze des Haushaltsunterrichts, ist aber im wesentlichen der Meinung, daß sich die geplanten Frauenschulen aufgrund der Bestimmungen so gestalten lassen, daß sie Mädchen, die kein wissenschaftliches Studium anstreben, die Möglichkeit zu einer Ausbildung in praktischen und auf ihre Aufgaben in Familie und Gesellschaft bezogenen Fächern geben. Die neuen Schulen können eine Alternative zu der privaten, unorganisierten, nur auf "Luxuswissen" ausgerichteten Mädchenbildung sein.

Die neuen preußischen Lehrpläne für das höhere Mädchenschulwesen. 10. Die Lehrpläne der Frauenschule: Volkswirtschaftslehre
in: Die Lehrerin in Schule und Haus
    25. Jg., Nr. 33, 15. Mai 1909, S. 943 ff

Beitrag zu einer Artikelserie, in der Lehrerinnen der verschiedenen Fachgebiete Stellung zu den neuen preußischen Lehrplänen für Höhere Mädchenschulen nehmen.
Alice Salomon kritisiert an dem Lehrplan für Volkswirtschaftslehre vor allem die übermäßige Theoretisierung im Unterricht; stattdessen hält sie eine praktische und am Konkreten orientierte Behandlungsweise der Probleme für geeigneter. Ferner kritisiert sie die Ausklammerung der Frauenfrage, der Sozialen Frage und der Arbeiterbewegung, die ihrer Ansicht nach zu den Fragen moderner Wirtschaft dazugehören.
Die am Ende des Schuljahres vorgesehene Besichtigung von Wohlfahrtsinstitutionen, "um die Schülerinnen in die Gebiete der Barmherzigkeit und Nächstenliebe einzuführen", scheint ihr für den volkswirt-

schaftlichen Unterricht fehl am Platze und auch ungeeignet, um eine soziale Gesinnung herbeizuführen. Stattdessen sollten die Mädchen lieber in die Fabrik gehen, um zu sehen, wie das Volk arbeitet, und daß die kapitalistische Wirtschaftsordnung nicht auf Nächstenliebe aufgebaut ist.

Mädchen(berufs)ausbildung

Wissenschaftliche Bildung und soziale Frauenarbeit
in: Frauenbildung, 2. Jg., 1903, S. 449-455

In diesem Beitrag geht es um den Zusammenhang der Frauenbestrebungen nach wissenschaftlicher Bildung einerseits und Teilnahme an gesellschaftlicher Arbeit andererseits. Alice Salomon ist der Ansicht, daß die Frauen, die sich den Zugang zu Wissenschaft und Bildung erkämpft haben, erkennen müssen, daß diese wertlos bleiben, solange sie nicht in den Dienst von Staat und Gesellschaft gestellt werden. Andererseits ist eine wissenschaftliche Bildung notwendig, um die soziale Frauenarbeit aus dem Stadium der wohltätigen Hilfsarbeit herauszuführen und die Frauen zu einer aktiven Teilnahme am staatlichen, kulturellen und gesellschaftlichen Leben zu befähigen.

Die Ausbildung der Frau für den kaufmännischen Beruf
in: Centralblatt des Bundes deutscher Frauenvereine,
8. Jg., Nr. 19, 1. Januar 1907, S. 152

Besprechung der Untersuchung von Agnes Herrmann: "Der Stand des kaufmännischen Unterrichtswesens für weibliche Angestellte" (Leipzig 1906). Das Buch untersucht die Ursachen für die mangelnde Qualifikation der Hausgehilfinnen sowie die Institution, die bisher zu ihrer Ausbildung eingerichtet wurde. Dabei stellte sich heraus, daß die Berufverbände der männlichen Handelsgehilfen bisher erfolgreich die Einrichtung entsprechender Klassen für Frauen verhindert haben, und daß auch die örtlichen Frauenvereine bisher größeren Wert darauf gelegt haben, den Mädchen eine hauswirtschaftliche und berufliche Ausbildung zu geben, als sich um die Einrichtung solcher Klassen zu kümmern. Anschließend erörtert Alice Salomon Vorschläge, wie die Ausbildung zu verbessern sei und fordert die Frauenvereine auf, für männliche wie weibliche Handelsgehilfen die gleiche Ausbildung durchzusetzen.

Das Projekt der "Frauenschule"
in: Frauenbildung
8. Jg., 1909, Heft 1, S. 22ff sowie Heft 2, S. 89 ff

In diesem Beitrag kommentiert Alice Salomon die Bestimmungen der preußischen Regierung zur Ausgestaltung der Frauenschulen. Sie geht von ihren eigenen Vorstellungen über Notwendigkeit und Bedeutung der Frauenschule aus. Diese sieht sie als eine weiterführende Bildungseinrichtung für Mädchen des Besitzbürgertums und des Mittelstandes zwischen dem 16. und dem 18. Lebensjahr, die keinen wissenschaftlichen Beruf anstreben, aber in den Frauenschulen die Grundlagen ihrer späteren Aufgaben in Familie und Gesellschaft erlernen sollen.
Alice Salomon kritisiert die Regierungsbestimmungen nicht in deren Zielsetzungen (die denen der Frauenschule sehr nahe kommen), sondern in Bezug auf Organisation und Praxis des Unterrichts. Ihrer Meinung nach werden der Frauenschule zu viele Funktionen zugeschrieben. Auch die Auswahl der Fächer sollte nicht dahingehend erweitert werden, daß der Dilettantismus der Frauenbildung noch verstärkt wird, anstatt die Mädchen an stringentes und vertieftes Arbeiten zu gewöhnen.
Ein ausführlicher Abschnitt beschäftigt sich mit der Bedeutung des hauswirtschaftlichen und pädagogischen Unterrichts. Alice Salomon kritisiert die Formulierung, die den Pflichtkreis der Frau im weiteren Gemeinschaftsleben mit "Barmherzigkeit und Nächstenliebe" umschreibt. Diese Begriffe sollten geändert werden in "Gerechtigkeit und soziale Arbeit" und inhaltlich gefüllt werden durch den Erwerb von Grundlagenwissen in den Fächern Bürgerkunde und Volkswirtschaftslehre.

Das Unterrichtswesen für Frauen in Berlin und die pädagogischen Berufe
in: Was die Frau von Berlin wissen muß. Ein praktisches Frauenbuch für Einheimische und Fremde. Unter Mitwirkung der berufensten Vertreterinnen auf den verschiedenen Gebieten der Frauenarbeit.
Herausgegeben von Eliza Ichenhaeuser.
Verlag Herbert S. Loesdau, Berlin/Leipzig
o.J. (um 1912), S. 189-197

Dieser Beitrag, wie auch die beiden folgenden in diesem Band, ist gedacht als Ratgeber für Mütter, die sich vor der Berufswahl ihrer Töchter über geeignete Schul- und Berufsausbildungsmöglichkeiten informieren wollen. Er enthält einen Überblick über die Einrichtungen der höheren Mädchenschulbildung und die Ausbildungsinstitutionen für Volksschul-, Gymnasiallehrerinnen, Kindergärtnerinnen und Jugendleiterinnen, informiert über Berufsaussichten, zu erwartendes Gehalt, Ansehen und Niveau der Ausbildung und des Berufs.

Das Frauenstudium und die wissenschaftlichen Frauenberufe
in: Eliza Ichenhaeuser (Hrsg.): Was die Frau von Berlin wissen muß.
Verlag Herbert S. Loesdau, Berlin/Leipzig
o.J. (um 1912), S. 198-203

Überblick über die Voraussetzungen und Anforderungen für das Studium an der Berliner Universität sowie über Berufs- und Gehaltsaussichten für Frauen in wissenschaftlichen Berufen.

Soziale Frauenarbeit in Berlin
in: Eliza Ichenhaeuser (Hrsg.): Was die Frau von Berlin wissen muß.
Verlag Herbert S. Loesdau, Berlin/Leipzig
o.J. (um 1912), S. 204-207

Überblick über Ausbildungsmöglichkeiten, Berufs- und Gehaltsaussichten für die Sozialarbeiterin bzw. Sozialbeamtin sowie Hinweis auf die besonderen persönlichen Anforderungen, die der Beruf stellt.

Frauengedanken zu dem Programm von Dr. Angermann
in: Die Arbeitsgemeinschaft
2. Jg., 1921 Heft 5, S. 113 ff

Stellungnahme zu einem Artikel von Franz Angermann, in welchem er ein Programm für die geplanten Volkshochschulen für Frauen aus der Arbeiterklasse entwickelt. Angermann versucht, aus der Kulturgeschichte der Frau das Ideal des weiblichen Geschlechtscharakters abzuleiten, das für ihn darin besteht, daß die Frau die "Priesterin des Hauses", die Familie zu ihrem "Tempel" und die Hausarbeit zur "Zeremonie" wird.
Diesem Ideal entsprechend möchte er den Unterricht in speziell dafür eingerichteten Kursen gestalten. Das heißt für ihn: Einführung in die

Kulturgeschichte der Frau und Hinführung zu ihrer "speziellen Bestimmung", Lektüre von modernen Romanen, in welchen das Geschlechterverhältnis behandelt wird, Geschmacksbildung und Vorbereitung auf die Mutterschaft.

Alice Salomon geht auch von einer "natürlichen Bestimmung" der Frau aus, sieht diese aber in der "Mütterlichkeit in der Welt" und nicht als "Priesterin des Hauses". Außerdem ist sie dagegen, die Kluft zwischen den Geschlechtern noch mehr zu vertiefen.

Die ökonomische Entwicklung habe den Mann aus dem Haus vertrieben und die Frau ohne neue Inhalte im Haus zurückgelassen. Die Frauenbildung soll gerade dazu dienen, dieses Defizit wieder etwas auszugleichen, der Frau die Möglichkeit geben, sich zu einem ganzen Menschen zu entwickeln und sich gemeinsam mit dem Mann an den Aufgaben der Welt zu beteiligen.

Neue Probleme der Frauenbildung
in: Frau und Gegenwart.
    Vereinigt mit: Neue Frauenkleidung und Kultur
    25. Jg., Nr. 17, 1. Juni 1929, S. 509 f

Nachdem sich die Frau den Zugang zu den Bildungseinrichtungen erobert hat, entsteht nun das Problem, daß die von Männern geformten Wissenschaften und Berufe für die Anlagen und Begabungen der meisten Frauen ungeeignet sind und sie keine Möglichkeit haben, ihre eigenen Werte in diese Bildungs- und Berufseinrichtungen einzubringen, weil sie meistens nicht bis zu den leitenden Stellungen gelangen. Aus diesem Grund wird leider ein großer Teil der weiblichen Leistungsfähigkeit wertlos. Als Alternative sieht Alice Salomon die Schaffung eines eigens für Frauen eingerichteten Ausbildungsganges, der eher in der Lage ist, auf die weiblichen Anlagen und Fähigkeiten einzugehen.

Zur Geschichte der Frauenbildung
in: Ethische Kultur
    11. Jg., Nr.13, 28. März 1903, S. 99-100

Besprechung des III. Teils des Handbuches der Frauenbewegung: Der Stand der Frauenbildung in den Kulturländern (Berlin 1902).

Typenwandel des jungen Mädchens
in: Westermanns Monatshefte
73. Jg., Februar 1929, S. 641 ff

Alice Salomon beginnt mit einer Auswertung von drei Romanen, die anhand dreier Generationen den Wandel des Frauentyps der letzten 70 Jahre darstellen (d.h. von 1860 bis 1930). Die drei Autorinnen: Jo van Ammers-Küller, Alexandra Kollantay, Edna Ferber.

Alice Salomon versucht aus ihrer Sicht, die entscheidenden Veränderungen in Erscheinungsbild, Charakter, Verhaltensweisen und Werten junger Mädchen zu charakterisieren. Die größte Veränderung scheint in der größeren Selbständigkeit und Freiheit der Lebensführung, eigenen Werten und eigener Urteilsfähigkeit zu liegen.

Trotzdem ist ihnen die Wissenschaft und der Beruf etwas Nebensächliches geblieben, obwohl es inzwischen für Mädchen möglich geworden ist, einen Beruf zu erlernen oder zu studieren. Dennoch haben für die Mädchen Liebe, Ehe und Mutterschaft den absoluten Vorrang. Diese alten Ideale blieben weiterhin (fast) ungebrochen.

Kapitel 2

Frau und Beruf

Allgemeines

Die Ursachen der ungleichen Entlohnung von Männer- und Frauenarbeit.
Staats- und sozialwissenschaftliche Forschungen, herausgegeben von Gustav Schmoller und Max Sering.
Verlag Duncker & Humblot, Leipzig 1906,
Heft 122, 132 S.
Eine Zusammmenfassung dieser Arbeit in: Das Blaubuch
1. Jg., Nr. 30, 2. August 1906, S. 1167 ff

In ihrer Dissertation, mit der Alice Salomon 1906 an der Berliner Universität zum Dr. phil. promovierte, unternimmt sie den Versuch, die ungleiche Entlohnung der Männer- und Frauenarbeit auf das Gesetz des Grenznutzens zurückzuführen. Anhand von Statistiken aus verschiedenen Zweigen von Industrie, Landwirtschaft, Handel und Verkehr kann sie belegen, daß Frauen nicht als Konkurrenten der Männer und als Lohndrücker auf dem Arbeitsmarkt auftreten, sondern gerade in den Produktionszweigen arbeiten, die von den Männern verlassen und hinsichtlich der Qualifikationsanforderungen wertlos geworden sind. Die geringere Entlohnung der Frauenarbeit ist daher viel eher auf eine Konkurrenz der verstärkt auf den Arbeitsmarkt drängenden Frauen zurückzuführen, deren Qualifikation gering ist und deren Lebenssituation eine geringere Entlohnung gerechtfertigt erscheinen läßt. Gründe dafür sind: der provisorische Charakter der Frauenerwerbsarbeit, der gleichzeitig ihre Höherqualifikation verhindert, die Tatsache, daß ihr Lohn nach dem Individualbedarf und nicht - wie beim Mann - nach dem Familienbedarf berechnet wird sowie der mangelnde Wille und die fehlenden Möglichkeiten zur Organisation. Die ungleiche Entlohnung hat daher ihre Ursachen in erster Linie in ungleichen Leistungen und wird auch auf die Bereiche übertragen, wo Frauen und Männer tatsächlich Gleiches leisten. Möglichkeiten zur Überwindung dieses Zustands sieht Alice Salomon darin, daß der Frauenarbeit ihr provisorischer und dilettantischer Charakter genommen wird, daß die Frauen selbst die Berufsarbeit als Teil ihres Lebens betrachten und motiviert sind, sich höher zu qualifizieren und zu organisieren.

Frauenlöhne
in: Die Frau
11. Jg., Heft 5, Februar 1904, S. 299-305

Dieser Artikel geht von Untersuchungen und Tatsachenmaterial aus, die belegen, daß der größte Teil der Frauenlöhne unter dem Existenzminimum liegt. Um deutlich zu machen, welche Konsequenzen dies für die Lebenssituation der Arbeiterin hat, behandelt Alice Salomon die Frage, warum sich das Problem der Unterbezahlung für Frauen viel häufiger stellt als für Männer. Sie wendet sich gegen die abstrakte Gleichheitsforderung früherer Frauengenerationen, die gleichen Lohn für gleiche Arbeit gefordert hatten und stellt fest, daß Frauen und Männer tatsächlich in den meisten Fällen unterschiedliche Arbeit verrichten und an Arbeitsplätzen eingesetzt werden, die keine oder geringere Qualifikation erfordern. Laut Alice Salomon ist das ein Grund für die billige Arbeitskraft der Frauen. Weitere Gründe sind der provisorische Charakter der Frauenerwerbsarbeit, der sowohl ihre Höherqualifikation als auch ihre Organisation verhindert, und die Tatsache, daß ihre Lohnforderungen weder als Familien- noch als Individualeinkommen, sondern nur als Zuverdienst gelten. Alice Salomon verweist in diesem Zusammenhang auf ihre Dissertation, an der sie zu dieser Zeit arbeitete (siehe oben).

Die deutsche Frau im Beruf
in: Ethische Kultur
10. Jg., Nr. 52, 27. Dezember 1902, S. 410 f

Besprechung des Buches von Lisbeth und Robert Wilbrandt: Die deutsche Frau im Beruf. IV. Teil des Handbuches der Frauenbewegung. (Berlin 1902)
Nachdem sie den Inhalt zusammengefaßt hat, diskutiert Alice Salomon den Widerspruch zwischen Berufstätigkeit und Mutterschaft.

Probleme der weiblichen Berufsarbeit
(Die Frau im modernen Wirtschaftsleben X)
in: Neue Bahnen
43. Jg., Nr. 20, 15. Oktober 1908, S. 155 ff

Es geht um das Problem der mangelnden beruflichen Qualifikation der Frauen, die auf fehlende Bereitschaft und unzureichende Ausbildungsstätten zurückzuführen ist. Eine schlechte Ausbildung und ein geringes men vor, wie die vorhandene Arbeit nach Fähigkeiten und Berufsausbildungen gerecht zwischen Männern und Frauen verteilt werden kann und wie Frauen auch in dieser Situation entsprechend den Erfordernissen des Arbeitsmarktes eine Berufsausbildung erhalten könnten.

Zur Berufszählung 1907

Die Frauenfrage nach den Ergebnissen der Berufszählung
in: Centralblatt des Bundes deutscher Frauenvereine
11. Jg., Nr. 2, 15. April 1909, S. 9-10

Zusammenfassung der Ergebnisse der Berufszählung von 1907, die eine Zunahme der Zahl der erwerbstätigen Frauen um ca. drei Millionen ergeben hatte. Alice Salomon stellt fest, daß diese Zunahme nicht in erster Linie auf eine tatsächliche Ausdehnung der Frauenerwerbsarbeit zurückzuführen ist, sondern daß vielmehr in der neuen Statistik Frauen als erwerbstätig gezählt wurden, die bisher nicht als solche galten. Das trifft zum Beispiel auf in der Landwirtschaft und in Familienbetrieben beschäftigte Frauen zu. Alice Salomon wertet jedoch auch die neuen statistischen Erfassungskriterien als einen Erfolg der Frauenbewegung, da sich darin eine größere Wertschätzung der Frauenarbeit zeigt, so daß der Beitrag der Frauen zur Volkswirtschaft unübersehbar wird.

Die Stellung der Frau nach der neuen Berufszählung
in: Die Frau
16. Jg., Heft 8, Mai 1909, S. 477-480

Zusammenfassung der Ergebnisse der Berufszählung vom 12.06.1907. Die Zählung hatte ergeben, daß der Anteil der Frauenarbeit sowohl absolut als auch relativ zur Männerarbeit angewachsen ist. Die Daten wurden nach Bereichen aufgeschlüsselt, wobei sich der Hauptzuwachs der Frauenarbeit in der Landwirtschaft ergab. Weiterhin hatte die Untersuchung ergeben, daß die Frauen die Männer keineswegs von ihren Arbeitsplätzen verdrängt haben, sondern daß auch die Männerarbeit zugenommen hat, daß das Potential an männlichen Arbeitskräften ausgeschöpft ist, so daß die Frauenerwerbsarbeit einen notwendigen Bestandteil der Volkswirtschaft bildet. Auf dieser Unentbehrlichkeit weiblicher Erwerbstätigkeit können nach Alice Salomons Ansicht die Frauen ihre Forderungen nach Zulassung zu allen mit dem Arbeitsverhältnis verbundenen Rechten begründen. Ferner ergibt sich aus der Zunahme der unselbständigen Arbeit, insbesondere in der Großindustrie, die Notwendigkeit der Ausgestaltung des gesetzlichen Arbeitsschutzes sowie die Anwendung konstitutioneller Prinzipien in der Verfassung und Organistion der Großbetriebe.

Verschiedene Berufszweige

Einige Einwände von Bundesvereinen zu der vorstehenden Petition (Petition des Bundes deutscher Frauenvereine betreffend Abänderung des Krankenversicherungsgesetzes)
in: Centralblatt des Bundes deutscher Frauenvereine
3. Jg., Nr. 18, 15. Dezember 1901, S. 138-140

An der am 8. Dezember 1901 vom Bund deutscher Frauenvereine dem Reichstag eingereichten "Petition betreffend Abänderung des Krankenversicherungsgesetzes" (abgedruckt im selben Heft, S. 137-138) waren von einigen Bundesvereinen folgende Punkte kritisiert worden: erstens die gesetzliche Unterstützungspflicht der Krankenkassen auf 26 Wochen auszudehnen und zweitens im Ausland approbierte Ärztinnen gleichberechtigt mit den im Inland approbierten Ärzten zu den Kassen zuzulassen. Alice Salomon begegnet den Einwänden zu Punkt 1 (zu hohe Kosten) mit dem Hinweis, daß Frauen überdurchschnittlich von den länger als ein Vierteljahr währenden Krankheiten betroffen sind; zu Punkt 2 (schlechtere Qualifikation der Ärztinnen gegenüber den Ärzten), daß Frauen lange Zeit gezwungen waren, im Ausland zu studieren, was ihnen nun nicht zum Nachteil gereichen dürfe, daß außerdem die Krankenkassen auf Ärztinnen für ihre weiblichen Mitglieder dringend angewiesen sind, so daß man sie nicht durch langwierige Zusatzprüfungen von der Arbeit abhalten darf.

Öffentlicher Dienst und Soziale Berufe
(Die Frau im modernen Wirtschaftsleben IX)
in: Neue Bahnen
45. Jg., Nr. 17, 1. September 1908, S. 131 ff

Hier werden die Berufe der Beamtin im Post- und Verkehrswesen, der Lehrerin, Kindergärtnerin, Krankenpflegerin, Hebamme sowie wissenschaftliche und künstlerische Berufe behandelt. Alice Salomon beschreibt jeweils, in welchem Umfang sich Frauen dort einen Platz erobern konnten. Voraussetzung für den Erfolg in all diesen Berufen ist - genauso wie für Männer - der Zusammenschluß in Berufsorganisationen und vor allem eine gute Qualifikation und ein hohes Leistungsniveau.

Die Frau im Handelsgewerbe
(Die Frau im modernen Wirtschaftsleben IX)
in: Neue Bahnen
43. Jg., Nr. 15, 1. August 1908, S. 117 ff

Es geht um die Berufslage der selbständigen Inhaberinnen kleinerer Geschäfte sowie die der Verkäuferinnen und Büroangestellten. Hier sind nach Alice Salomons Ansicht im Laufe der letzten Jahrzehnte Frauenberufe entstanden, die sich ohne große Konkurrenzangst gegenüber Männern entwickeln konnten und wo, je nach Qualifikation, gute Gehälter und Positionen erreicht werden können. Andererseits wird die Büroarbeit durch die stetig wachsende Arbeitsteilung immer monotoner, während der Nachteil für die Verkäuferinnen in der überlangen Arbeitszeit liegt.

Die Frau in der Großindustrie
(Die Frau im modernen Wirtschaftsleben VI)
in: Neue Bahnen
43. Jg., Nr. 11, 1. Juni 1908, S. 85 f

Der Aufsatz behandelt die Tätigkeit der Frauen in Fabrik und Heimindustrie. Alice Salomon stellt fest, daß die Frauen zwar im Laufe der industriellen Entwicklung in bestimmten Produktionszweigen und bei bestimmten Tätigkeiten einen immer größeren Beitrag zur Volkswirtschaft leisten, daß aber Qualifikation und Entlohnung stets hinter der der Männer zurückbleibt.

Die Frauenfrage auf dem Lande
in: Die Frau
13. Jg., Heft 10, Juli 1906, S. 577-588

Besprechung einer Untersuchung von Gertrud Dyhrenfurth über "Ein schlesisches Dorf und Rittergut". Dieses Buch bedeutet für Alice Salomon einen ersten Schritt, die Lage der Frauen auf dem Lande, insbe-

In diesem Beitrag erläutert Alice Salomon die Funktion der staatlichen Zollpolitik und erklärt die Unterschiede, Vor- und Nachteile von Freihandel und Schutzzöllen. Anschließend stellt sie dar, welches Interesse die Frauen als Hausfrauen und Konsumentinnen an der Wirtschaftspolitik, insbesondere der Zollpolitik, haben müssen. Sie erläutert dies am Beispiel des Zolltarifs vom 1. April 1906, in welchem ein außerordentlich hoher Zoll auf die Einfuhr von Brotgetreide festgesetzt wurde. Alice Salomon meint, daß dieser Zoll nicht im geringsten die Entwicklung der deutschen Landwirtschaft fördert, sondern nur unnötig den Brotpreis erhöht, was schwerwiegende Folgen für die Lebenshaltung der besitzlosen Klassen hat. Deshalb sollen die Hausfrauen im eigenen Interesse für niedrige Lebensmittelzölle bzw. eine Freihandelspolitik eintreten.

Was gehen uns die Kartelle an?
(Die Frau im modernen Wirtschaftsleben XIV)
in: Neue Bahnen
44. Jg., Nr. 2, 15. Januar 1909, S. 12 ff

In diesem Beitrag erläutert Alice Salomon den Begriff des Kartells und die Ursachen für die Kartellbildung. Anschließend behandelt sie deren Vor- und Nachteile. Ihrer Ansicht nach bestehen die Nachteile darin, daß die Kartelle den Industrien eine fast unbeschränkte Macht geben, sowohl gegenüber den Konsumenten als auch gegenüber den Arbeitern. Die Vorteile sieht sie darin, daß in Kartellen zusammengeschlossene Unternehmen einen besseren Überblick über den Markt haben, eine dem Bedarf entsprechende Güterproduktion sicherstellen können und weniger krisenanfällig sind. Sie können sich zu einer höheren Form der wirtschaftlichen Organisation entwickeln, falls ihre Macht durch staatliche Intervention eingeschränkt wird.

Die Frau als Steuerzahler
(Die Frau im modernen Wirtschaftsleben XVI)
in: Neue Bahnen
44. Jg., Nr. 6, 15. März 1909, S. 45 f

Alice Salomon erläutert die verschiedenen Formen von direkter und indirekter Steuer, ferner die Art der Einnahmen und Ausgaben des Deutschen Reiches sowie der einzelnen Länder und der Kommunen. Den Hausfrauen will sie vor allem klar machen, daß für sie die indirekten Steuern (Warensteuern) die ungünstigsten sind, da sie gerade auf die Massenkonsumgüter erhoben werden und so dem Lebensstandard der armen Bevölkerung schaden.

Die Frau als Konsumentin

Konsumentenpflichten
(Die Frau im modernen Wirtschaftsleben XI)
in: Neue Bahnen
48. Jg., Nr. 21, 1. November 1908, S. 164 ff

Der Abschnitt behandelt die Frage, wie Frauen als Konsumentinnen - eine Funktion, in der sie gewissermaßen Arbeitgeberinnen der Industrie sind - Einfluß auf Qualität der Produkte, auf die Arbeitsbedingungen von Verkäuferinnen, Arbeiterinnen und Handwerkerinnen und auf die Entwicklung der Volkswirtschaft nehmen können. Zum Beispiel können sie zu angemessenen Zeiten einkaufen (nicht abends oder am Sonntag, es gab zu dieser Zeit noch kein Ladenschlußgesetz), sie können Qualitätswaren verlangen statt Ramsch, der zudem noch unter den schlechtesten Arbeitsbedingungen hergestellt wird, und sie können durch den Kauf deutscher Waren die nationale Volkswirtschaft fördern.

Konsumentensorgen
(Die Frau im modernen Wirtschaftsleben XII)
in: Neue Bahnen
43. Jg., Nr. 23, 1. Dezember 1908, S. 182

Hier wird die hauswirtschaftliche Tätigkeit unter dem Gesichtspunkt behandelt, daß die Frau mit dem Wirtschaftsgeld, das ihr der Mann gibt, auskommen muß. Probleme ergeben sich vor allem dann, wenn bei einem äußerst knappen Haushaltsgeld Preissteigerungen auftreten oder aber wenn der Ehemann die Frau über sein Einkommen im Unklaren läßt und von ihr verlangt, mit einer bestimmten, knapp bemessenen Summe die Haushaltsausgaben zu bestreiten. Alice Salomon meint, daß ihr ein bestimmter Anteil des Familieneinkommens von Gesetz wegen zusteht.

Konsumgenossenschaften
(Die Frau im modernen Wirtschaftsleben XV)
in: Neue Bahnen
44. Jg., Nr. 3, 1. Februar 1909, S. 20 f

Der Beitrag erläutert die Funktion der Konsumgenossenschaften. Als Vorteile sieht Alice Salomon: günstige Preise, bessere Qualität, breitere Streuung der Waren. Zudem haben die Konsumgenossenschaften eine erzieherische Funktion: die Mitglieder nehmen Anteil an den Verwaltungsaufgaben und lernen, "an einem Strang zu ziehen". Dies sei vor allem für Hausfrauen und Heimarbeiterinnen von großer Bedeutung, bedeute einen ersten Schritt zu Durchbrechung ihrer Isolation.
Außerdem hat eine Konsumgenossenschaft viel eher als ein Einzelhändler die Möglichkeit, sich gegen die Preispolitik der Kartelle zu wehren.[4]

Der Maßstab von 1913
in: Die Frauenfrage
22. Jg., Nr. 12, 15. Juni 1920, S. 90 ff

Hier warnt Alice Salomon davor, die aufwendige Lebenshaltung der Vorkriegszeit (1913) zum Vorbild zu nehmen. Eine sparsame und anspruchslose Lebensführung, wie sie zwischen 1860 und 1880 im Bürgertum üblich war, ist ihrer Ansicht nach die einzige Möglichkeit, die drohende Inflation und Wirtschaftskrise zu verhindern. Zwar ist es nach den Entbehrungen des Krieges und wegen der hoffnungslosen Situation in Deutschland verständlich, daß sich die Deutschen in Konsumorgien und Vergnügungen stürzen. Aber Deutschland ist nach dem Krieg aufgrund der hohen Auslandsschulden zu einem armen Land geworden, das sich Luxus nicht mehr leisten kann. Nur wenn diese Situation erkannt und danach gehandelt wird, kann es gelingen, wirtschaftlich wieder Fuß zu fassen. Insbesondere die Frauen, durch deren Hände 60% des Volkseinkommens gehen, sind aufgefordert, neue Formen und Maßstäbe der Lebenshaltung zu setzen, die mit der gegenwärtigen Situation zu vereinbaren sind.

---

4 siehe dazu den Beitrag über die "Englische Frauen-Genossenschaftsgilde" in Teil IV/7 Sozialarbeit im Ausland.

Kapitel 4

Frauenbewegung in Deutschland

Literatur zur Frauenfrage. Die Entwicklung der Theorie der Frauenbewegung
in: Archiv für Sozialwissenschaft und Sozialpolitik.
Bd 26, Heft 2, März 1908, S. 451 ff

Ausführliche Besprechung der zeitgenössischen Literatur zur Frauenfrage. Ausgehend von der ursprünglichen Forderung nach gleichen Rechten und der Gleichstellung mit dem Mann auf allen Lebensgebieten haben sich in der Frauenbewegung zwei unterschiedliche Strömungen herausgebildet: die einen, zu denen sich auch Alice Salomon zählt, sehen keine Gleich- a r t i g k e i t der Geschlechter mehr, sondern nur noch eine Gleich- w e r t i g k e i t. Sie gehen von einer spezifisch weiblichen Kulturleistung der Frau aus und leiten von daher ihre Forderungen an die Gesellschaft ab. Diese spezifisch weibliche Kulturleistung bestehe in der Mutterschaft innerhalb der Familie sowie in der Mütterlichkeit im öffentlichen Leben, in dem die Frau als Veredlerin auftreten soll. Von daher will diese Richtung die Familie in ihrer jetzigen Struktur erhalten und die Position der Frau in der Familie stärken.

Die andere Strömung hält an der ursprünglichen Gleichheitsforderung fest. Sie fordert die ökonomische Gleichstellung der Frau und die volle Teilnahme am Erwerbsleben. Mütter sollen in den Jahren der Mutterschaft stärker finanziell unterstützt werden, die Hausarbeit soll weitgehend von gesellschaftlichen Einrichtungen übernommen werden. Die Ehe als Institution soll aufgelöst werden, die Frau soll sexuell frei sein. (Es ist unschwer zu erkennen, daß es sich bei der ersten Gruppe um den gemäßigten Flügel der bürgerlichen Frauenbewegung handelt, bei der zweiten Gruppe um die Radikalen; die sozialdemokratische Frauenbewegung kommt hier nicht vor.)
Den beiden aufgeführten Gruppen ordnet Alice Salomon nun die besprochene Literatur zu: zur ersten Gruppe zählen die Autorinnen Gertrud Bäumer und Marianne Weber, Oda Olberg und Friedrich Naumann nehmen eine Zwischenposition ein, Charlotte Perkins, Helen Stöcker, Lily Braun und Ellen Key gehören zur zweiten Gruppe.
Außerdem werden noch zwei Bücher besprochen, die sich nach Alice Salomons Meinung nicht zuordnen lassen; die Schriften von Josef

Mausbach zur Position der katholischen Frauenbewegung sowie "Zur Kritik der Weiblichkeit" von Rosa Mayreder.

Die gleiche Thematik erschien gekürzt unter dem Titel

Die Forderung der Frau
in: Das Blaubuch, 1. Jg., Nr. 6, 15.02.1906, S. 230 ff

Bürgerliche und proletarische Frauenbewegung

Die Arbeiterinnenbewegung
in: Handbuch der Frauenbewegung
　　Herausgegeben von Helene Lange und Gertrud Bäumer.
　　II. Teil: Frauenbewegung und soziale Frauentätigkeit in:
　　Deutschland nach Einzelgebieten
　　Verlag W. Moeser, Berlin 1901.
　　Fotomechanischer Nachdruck der Originalausgabe:
　　Beltz Verlag, Weinheim und Basel 1980, S. 205-257

Der Aufsatz enthält eine Einführung in die Voraussetzungen für die Entstehung der Arbeiterinnenfrage und der Arbeiterinnenbewegung im Zusammenhang mit der Herausbildung des Kapitalismus und der allgemeinen Arbeiterfrage. Die Besonderheiten, die die Arbeiterinnenfrage von der allgemeinen Arbeiterfrage unterscheiden - die physische Konstitution der Frau, ihre Lohndrückerfunktion, die Gefahren, die die extensive Ausbeutung für den sittlichen und gesundheitlichen Zustand des Volkes und das Wohl der Kinder mit sich bringt - werden herausgearbeitet. Anschließend werden die Organisationsversuche, Zielsetzungen und Forderungen der Frauen innerhalb der sozialistischen Bewegung (Sozialdemokratie) sowie innerhalb der eigenständigen politischen Arbeiterinnenbewegung, die die besonderen Interessen der Frau vertritt (Gleichstellung mit dem Mann, Schutzgesetze) und innerhalb der gewerkschaftlichen Arbeiterinnenbewegung dargestellt.

Arbeiterinnen-Organisationen
in: Dokumente der Frauen
　　Bd 6, Nr. 15, 1. November 1901, S. 425 ff

In diesem Beitrag behandelt Alice Salomon die Entstehung und Entwicklung der Arbeiterinnen-Organisation in Deutschland und die Schwierigkeiten, die ihrer Arbeit im Wege stehen, unterschieden nach Heim- und Fabrikarbeiterinnen, verheirateten und unverheirateten Frauen.

Außerdem geht sie auf Funktion und Notwendigkeit der Gewerkschaften und Berufsorganisationen - insbesondere für Frauen - ein. Die Arbeiterinnen sollten in noch größerem Umfange lernen, daß diese Organisationen die einzige Möglichkeit sind, ihre Interessen erfolgreich und langfristig gegenüber den Unternehmern zu vertreten.

Sozialdemokratie und Frauenbewegung
in: Die Frau
12. Jg., Heft 2, November 1904, S. 72-77

In diesem Beitrag setzt sich Alice Salomon mit den Positionen des deutsch-evangelischen Frauenbundes und der Frauen der Sozialdemokratie auseinander. Beide Organisationen gehörten nicht dem Bund deutscher Frauenvereine an. Sowohl der evangelische Frauenbund als auch die Sozialdemokratinnen hatten im Herbst 1904 eigene Kongresse abgehalten, auf denen jedoch hinsichtlich der praktischen sozialpolitischen Aufgaben dieselben Forderungen aufgestellt wurden wie auf dem Internationalen Frauenkongreß 1904 in Berlin. Die Unterschiede liegen, nach Alice Salomons Ansicht, also nicht in den praktischen Aufgaben, die die jeweiligen Frauenvereinigungen sich stellen, sondern in der Weltanschauung, die ihrem Handeln zugrunde liegt. Während sie diese Unterschiede gegenüber dem evangelischen Frauenbund nicht für so gravierend hält und eine Zusammenarbeit mit gleicher Zielrichtung für möglich hält, sind die Gegensätze zur Sozialdemokratie für sie unüberbrückbar, da die Sozialdemokratie soziale Reformen als ein Mittel zum Zweck betrachte, nämlich eine Stärkung der Arbeiterklasse, die sie zum Umsturz der Gesellschaftsordnung befähigt, während die bürgerlichen Frauen mit Hilfe der sozialen Reformen die bürgerliche Gesellschaft auf eine gerechtere Grundlage stellen wollen. Sie hält jedoch trotz allem eine Zusammenarbeit in praktischen Fragen für möglich und bedauert das Fernbleiben der Sozialdemokratinnen vom Internationalen Frauenkongreß, was in der Folge zu weiteren Mißverständnissen und gegenseitigen Angriffen geführt hatte, wie sie auf dem Kongreß der Sozialdemokratinnen in Bremen deutlich wurden.

Frauenforderungen zum sozialpolitischen Programm des Deutschen Reichstages
Vortrag, gehalten bei der Generalversammlung des Allgemeinen Deutschen Frauenvereins in Hamburg
in: Die Frau
15. Jg., Heft 3, Dezember 1907, S. 146-154

In diesem Vortrag faßt Alice Salomon alle sozialpolitischen Frauenforderungen zusammen. Sie beziehen sich nicht in erster Linie auf die Emanzipationsbestrebungen der bürgerlichen Frauen, sondern auf die Lage der Arbeiterinnen. Alice Salomon denkt, daß die Frauen auf dieser Grundlage, von einem übergeordneten nationalen Gesichtspunkt aus, ein Recht darauf haben, an sozialpolitischen Entscheidungen mitzuwirken.
Die Forderungen, die im Hinblick auf die arbeitende Frau gestellt werden, gliedern sich in zwei Bereiche: erstens die Forderungen nach besonderen gesetzlichen Regelungen für die erwerbstätige Frau, die einen Ausgleich für die Benachteiligungen schaffen, denen die Frau durch Natur, Sitte und Recht unterworfen ist und die zu ihrer Doppelbelastung in Beruf und Familie geführt haben. Diese Forderungen sind: Verkürzung der Arbeitszeit auf zehn Stunden, Mutterschutz und Mutterschaftsversicherung, Heimarbeitsgesetzgebung, Einführung der Witwen- und Waisenversicherung. Den zweiten Bereich bilden die Forderungen, die sich gegen die ungerechte Behandlung und Benachteiligung der Frauen durch das Gesetz wenden. Gefordert werden hier: Ausdehnung der Fortbildungspflicht auf die Frauen, Wahlrecht zu beruflichen Sondergerichten und Standesvertretungen, Vereins-, Versammlungs- und Organisationsfreiheit.

Antwort an Frau Emily Altschul auf deren offenen Brief in Nummer 22 des Centralblattes des Bundes deutscher Frauenvereine
in: Centralblatt
7. Jg., Nr. 23, 1. März 1906, S. 180 f

Der "Offene Brief" von Emily Altschul bezieht sich auf den Artikel von Alice Salomon "Wir und die Heimarbeitsausstellung".[5] In diesem Artikel hatte Alice Salomon von einer "bürgerlichen Frauenbewegung" gesprochen, die die gesellschaftlichen Gegebenheiten als historische Tatsache anerkennt und an ihrer allmählichen Fortentwicklung arbeitet. Im

---

5   siehe unter Teil IV/4 Heimarbeit.

Gegensatz dazu sieht sie die Arbeit der Sozialdemokratinnen, die gemeinsam mit den Männern ihrer Partei die Beseitigung des kapitalistischen Systems anstreben.
Emily Altschul richtet nun an Alice Salomon die Frage, ob sie den Grundsatz von der politischen Neutralität der bürgerlichen Frauenbewegung aufgegeben habe, da sie sich mit politischen Argumenten von den Sozialdemokratinnen abgrenze.
In ihrem Antwortbrief legt Alice Salomon dar, daß die Abgrenzung der Bürgerlichen zu den Sozialdemokratinnen keine totale sei, daß aber die Sozialdemokratinnen ihrerseits die Zusammenarbeit verweigern würden. Falls sich in der Zukunft bei diesen der Reformflügel durchsetze, wäre möglicherweise eine Zusammenarbeit denkbar.

Tagungen

Der deutsche Frauentag
in: Ethische Kultur
  8. Jg., Nr. 42, 20. Oktober 1900, S. 331 ff

Bericht über die 4. Generalversammlung des Bundes deutscher Frauenvereine vom 28. September bis 2. Oktober 1900 in Dresden. Alice Salomon versucht, entgegen den falschen oder verzerrenden Darstellungen in der Tagespresse und den sehr unterschiedlichen und subjektiv gefärbten Berichten der Teilnehmerinnen in der Frauenpresse ein objektives Bild von der Konferenz zu zeichnen. Sie sieht den Bund deutscher Frauenvereine sozusagen noch in den Kinderschuhen, der Prozeß der Meinungsbildung ist noch keineswegs abgeschlossen. Der Zusammenschluß der einzelnen Vereine und die Organisationsform des Bundes haben noch kein effizientes Ausmaß erreicht. Auch die Frage der Zusammenarbeit mit der Arbeiterinnenbewegung war noch nicht geklärt.
So sieht Alice Salomon die Bedeutung dieser Generalversammlung weniger nach außen hin, sondern eher als Anregung für die Mitgliedsvereine und die einzelnen Frauen, um sie im Kampf um das Frauenrecht und die Frauenpflichten zu ermutigen.

Frauentage
in: Ethische Kultur
9. Jg., Nr. 42, 19. Oktober 1901, S. 331 ff

Nach einer allgemeinen Betrachtung über den Wert der von den Frauenvereinen unterschiedlicher Richtung veranstalteten Frauentage berichtet Alice Salomon über den Frauentag des Allgemeinen deutschen Frauenvereins in Eisenach und über den Frauentag des Verbandes fortschrittlicher Frauenvereine in Berlin (beide im Herbst 1901).

Nach der Aufzählung der Diskussions- und Vortragsthemen schildert sie vor allem die Behinderungen "politischerseits" auf dem Berliner Frauentag und schließt daran die Hoffnung, daß die Frauenvereine sich trotz unterschiedlicher Ausrichtung auf gemeinsame Forderungen wie die Abschaffung frauendiskriminierender Gesetze, besonders der Vereinsgesetze, einigen können.

Der Kölner Frauentag
in: Centralblatt des Bundes deutscher Fraunvereine
5. Jg., Nr. 14, 15. Oktober 1903, S. 107 f

Nach einer allgemeinen Einführung über den Wert von Frauentagen berichtet Alice Salomon über die 22. Generalversammlung des Allgemeinen Deutschen Frauenvereins und dem damit verbundenen Kölner Frauentag vom 27. - 30. September 1903.

Bei der Generalversammlung ging es vor allem um grundsätzliche Fragen der Organisation. Die einen plädierten dafür, daß der Allgemeine Deutsche Frauenverein eine parteiähnliche Vereinigung mit festen Statuten und ideologischem Führungsanspruch werden sollte, die anderen wollten weiterhin nur einen Koordinierungsausschuß der verschiedenen Richtungen innerhalb des Allgemeinen Deutschen Frauenvereins.
Auf dem Frauentag wurden in erster Linie Sittlichkeitsfragen diskutiert: Fragen der Liebe, der modernen Ehe und der Doppelmoral.

Der Frauentag in Nürnberg
in: Die Frau
8. Jg., Heft 8, Mai 1901, S. 482-486

Bericht über Vorträge und Veranstaltungen des zweiten bayrischen Frauentags in Nürnberg vom 9. bis 13. April 1901 sowie über die Arbeit des Nürnberger Vereins "Frauenwohl", der u. a. eine Frauenarbeitsschule und ein Wöchnerinnenheim, das auch ledigen Müttern offenstand, gegründet hatte.

Ein zweiter Bericht unter dem Titel:

Der II. baierische Frauentag
in: Centralblatt des Bundes deutscher Frauenvereine
3. Jg., Nr. 3, 1. Mai 1901, S. 17-18

Der allgemeine deutsche Frauenverein in Hamburg
in: Centralblatt des Bundes deutscher Frauenvereine
9. Jg., Nr. 15, 1. November 1907, S. 115-117

Bericht über Vorträge und Diskussionen auf der Generalversammlung des allgemeinen deutschen Frauenvereins in Hamburg 1907. Behandelt wurden u. a. folgende Themen: höhere Mädchenbildung nach den Reformvorschlägen des preußischen Abgeordnetenhauses, Erweiterung der Tätigkeit der Armen- und Waisenpflegerinnen und die Sittlichkeitsfrage in der Jugendfürsorge. Besonders lebhaftes Interesse fand die umstrittene Frage der Empfängnisverhütung (Beschränkung der Kinderzahl in der Arbeiterklasse, Neo-Malthusianismus), die nach Alice Salomons Ansicht eine der wichtigsten Frauenfragen ist.

Report of the German National Council of Women
in: International Council of Women
    Toronto, Canada, June 1909, S. 317-320

Bericht über Organisation und Tätigkeit des Bundes deutscher Frauenvereine, insbesondere über die Neuorganisation der Arbeitsweise, die neuen Satzungen, den Anschluß des deutsch-evangelischen Frauenbundes, die Mitarbeit an der Reform der Mädchenbildung und an der Strafrechtsreform.

Zu den Vorschlägen betr. Änderung der Bundessatzung
in: Centralblatt des Bundes deutscher Frauenvereine
    12. Jg., Nr. 3, 1. Mai 1910, S. 18-19

Bericht der Kommission, die die Neuregelung der Mitgliedschaft von Vereinen und Verbänden im Bund deutscher Frauenvereine vorbereitete.

Kapitel 5

Internationale Frauenbewegung

Zur Frauenbewegung in anderen Ländern

Die Frauen im österreichischen Staatsdienst
in: Neue Bahnen, 38. Jg., Nr. 5, 1. März 1903, S. 54 ff

Auswertung einer Schrift von Hans Nawiasky über "Die Frau im Österreichischen Staatsdienst". Das Buch behandelt die Entwicklung der Frauentätigkeit im österreichischen Post- und Eisenbahndienst sowie die gegenwärtige Situation der Frauen in diesen Berufen (Gehälter, berufliche Stellung). Im Anschluß an eine Zusammenfassung von Nawiaskys Untersuchungsergebnissen weist Alice Salomon darauf hin, daß die untergeordnete berufliche Stellung der Frau und die niedrigen Gehälter in erster Linie auf die schlechte Ausbildung zurückzuführen sind. Zu einer guten Ausbildung gehören nicht nur fachliche Kenntnisse, sondern auch eine Erziehung zur Berufsarbeit, die die weibliche Erwerbstätigkeit von einer reinen Versorgungsmöglichkeit zu einer mit Ernst und Verantwortung betriebenen Berufsarbeit entwickelt.

Die wirtschaftlichen Resultate der französischen Frauenbewegung
in: Neue Bahnen
36. Hg., Nr. 16, 15. August 1901, S. 195 ff

Besprechung einer Schrift der französischen Schriftstellerin Danielle Lesueur: "Die Entwicklung der Frauenbewegung und ihre wirtschaftlichen Resultate" (deutsche Übersetzung Berlin 1901). Alice Salomon vergleicht die in dieser Schrift zusammengestellte Entwicklung und die Forderungen der französischen Frauenbewegung mit denen der deutschen.
Große Unterschiede ergeben sich vor allem aus den Bestimmungen des französischen Ehegesetzes und des Verbots der Feststellung der unehelichen Vaterschaft. Ferner diskutiert Alice Salomon die Haltung der französischen Frauenbewegung zu den Arbeiterinnenschutzgesetzen. Die Französinnen lehnen besondere Schutzgesetze für Arbeiterinnen ab, während die deutsche Frauenbewegung sich gerade auf diesem Gebiet besonders engagiert.

Eindrücke aus der englischen Frauenbewegung
in: Centralblatt des Bundes deutscher Frauenvereine
9. Jg., Nr. 16, 15. November 1907, S. 121-122
Nr. 17, 1. Dezember 1907, S. 129-131

Bericht über zwei Kongresse der englischen Frauenbewegung, an denen Alice Salomon teilnahm. Auf dem vom "Women's Council" in London einberufenen Kongreß wurden Probleme der Frauenarbeitslosigkeit in England und deren Bekämpfung behandelt. Auf der Generalversammlung des "Bundes englischer Frauenvereine" in Manchester ging es um die ökonomische Lage der erwerbstätigen Frau. Alice Salomon beschreibt jedoch vor allem die Unterschiede der Zusammensetzung, Arbeitsweise und Motivation der englischen im Gegensatz zur deutschen Frauenbewegung, wobei ihr insbesondere die größere Disziplin der Engländerinnen bei den Kongressen, die liberale Haltung gegenüber politisch Andersdenkenden, die parteiübergreifende Zusammenarbeit bei der Lösung der sozialen Frage und die vorwiegend religiöse Motivation aufgefallen sind.

Frauenleben und Frauenbewegung in Indien
in: Die Frau
38. Jg., Heft 4, Januar 1931, S. 223-231

Zusammenfassung der Ergebnisse einiger Untersuchungen über die Situation der Frauen in Indien. Die elende Lage, insbesondere der weiblichen Landbevölkerung, wird vor allem bestimmt durch die Kinder- und Frühehe, das Verbot der Wiederverheiratung der Witwen, das Purdah (Verbannung ins Haus) und andere traditionelle Ehe- und Heiratsregeln, deren katastrophale Folgen für Leben und Gesundheit der Frauen sich einerseits unter dem Einfluß der modernen Entwicklung verschlimmert haben und anderseits soziale Reformen erschweren oder unmöglich machen. Ferner geht Alice Salomon auf die Forderungen und Tätigkeit der entstehenden indischen Frauenbewegung ein, die sich für Frauenbildung, Schaffung eines umfangreichen modernen Gesundheitswesens, Verbesserung der Rechtsstellung der Frau, Gesetze zur Einschränkung der Kinderehe, das Recht auf Wiederverheiratung der Witwen und die Abschaffung des Purdah einsetzt und dies als Grundvoraussetzung zur Beseitigung der wirtschaftlichen Probleme und der Armut Indiens betrachtet.

Kultur im Werden
Amerikanische Reiseeindrücke
Verlag Ullstein, Berlin 1924, 188 S.

Dieses Buch enthält eine Sammlung von Aufsätzen, die auf zwei Reisen in die Vereinigten Staaten im Sommer 1923 und im Winter 1924 entstanden. Verschiedene Aspekte der amerikanischen Gesellschaft, mit denen Alice Salomon konfrontiert wurde, werden mit vorwiegend sozialwissenschaftlicher Betrachtungsweise beschrieben und durch Material aus der amerikanischen Literatur ergänzt. Die beiden wichtigsten Gesichtspunkte sind einmal der Kultureinfluß der Frau, zum anderen die ideologischen Grundlagen der amerikanischen Zivilisation, deren Ursprünge sie einerseits im Geist des Protestantismus in seiner puritanischen Variante sieht, anderserseits in den Lebensbedingungen der Pioniergeneration. Das puritanische Arbeitsethos betrachtet sie als einen der Gründe, warum sich die Vereinigten Staaten zu der materiell reichsten Zivilisation entwickeln konnten, aber bisher keine eigentlich geistige Kultur hervorgebracht haben. Diese Kultur befindet sich gerade erst "im Werden", und es sind die amerikanischen Frauen, die in diesem Prozeß eine große Rolle spielen. Ihnen hat man die allgemein gering geachtete künstlerische und intellektuelle Sphäre überlassen, was allerdings die Qualität nicht unter allen Umständen beförderte. Größeres vollbringen sie dagegen auf dem Gebiet der sozialen Kultur, an deren Aufgaben sie mit einer ähnlichen Mischung aus Pragmatismus und tätigem Idealismus herangehen wie die Männer auf politischem und wirtschaftlichem Gebiet. Unter diesen beiden Hauptgesichtspunkten werden Teilbereiche der amerikanischen Gesellschaft beschrieben und mit den Verhältnissen in Europa verglichen: Wissenschaft, Technik, Bildung, soziale Aktivitäten, Außenpolitik und Friedensbewegung, amerikanische Lebensweise in Familie, Beruf und öffentlichem Leben, das Rassenproblem.

Chronik der internationalen Frauenbewegung
in: Jahrbuch der Frauenbewegung, 1912
    Im Auftrage des Bundes deutscher Frauenvereine herausgegeben
    von Dr. Elisabeth Altmann-Gottheimer
    Verlag B. G. Teubner, Leipzig und Berlin., S. 29-38
    erschien zum 2. Mal unter dem gleichen Titel
in: Jahrbuch der Frauenbewegung 1913
    Im Auftrage des Bundes deutscher Frauenvereine herausgegeben
    von Dr. Elisabeth Altmann-Gottheimer

Verlag B. G. Teubner, Leipzig und Berlin., S. 88-99
sowie in: Jahrbuch der Frauenbewegung 1914
Im Auftrage des Bundes deutscher Frauenvereine herausgegeben
von Dr. Elisabeth Altmann-Gottheimer
Verlag B. G. Teubner, Leipzig und Berlin., S. 95-104

Bericht über die Kämpfe und Erfolge der internationalen Frauenbewegung in den Jahren 1910/11: über die Erfolge der Frauenstimmrechtsbewegung in den skandinavischen Ländern; über die Erfolge in anderen europäischen Ländern, den Vereinigten Staaten, Kanada und Australien hinsichtlich der Zulassung von Frauen zu Bildungseinrichtungen, öffentlichen Ämtern und Berufen, die Organisationsversuche in Frauenberufsorganisationen, die Mitwirkung bei der Gesetzgebung, insbesondere bei den Ehe- und Kinderschutzgesetzen.

Die Stellung der Frau im Recht der Kulturstaaten
in: Die Frau
19. Jg., Heft 11, August 1912, S. 654-665

Zusammenfassung eines Berichts der Rechtskommission des internationalen Frauenbundes über "Die Stellung der Frau im Recht der Kulturstaaten" (1912). Es handelt sich um eine Sammlung von Gesetzen, die die Rechtsstellung der Frau in den jeweiligen, dem internationalen Frauenbund angeschlossenen Ländern betreffen. Mit dieser Sammlung sollte zusammenhängend und ausführlich dargestellt werden, welche Gesetze des zivilen, öffentlichen, Straf- und Arbeitsrechts die Frau gegenüber dem Mann benachteiligen. Alice Salomon vergleicht anhand dieses Berichts die Bestimmungen der angelsächsischen, romanischen und skandinavischen Länder, deren Unterschiede sie auf eine unterschiedliche historische Entwicklung des Geschlechterverhältnisses in den jeweiligen Ländern zurückführt.

Internationale Kongresse

Der Internationale Frauenkongreß in Paris
in: Centralblatt des Bundes deutscher Frauenvereine
2. Jg., Nr. 7, 1. Juli 1900, S. 94 ff

Bericht vom "Internationalen Kongreß für Frauenwerke und Frauenbestrebungen" in Paris vom 18. - 23. Juni 1900. Alice Salomon behandelt vor allem die Unterschiede der verschiedenen nationalen Frauenbewegungen - insbesondere zwischen der französischen und der deutschen - hinsichtlich ihrer Organisation und ihrer Stellung zu wichtigen Frauenfragen, wie zum Beispiel Prostitution, Eherecht, Arbeiterinnenschutz oder Dienstbotenfrage.

Der Internationale Frauenkongreß
in: Soziale Praxis
13. Jg., Nr. 40, 30. Juni 1904

Bericht über den Internationalen Frauenkongreß in Berlin vom 12. bis 18. Juni 1904, den Alice Salomon im Gesamteindruck als eine Demonstration weiblichen Könnens und weiblicher Kulturleistungen der letzten Jahre schildert. Ferner berichtet sie über die Diskussionen in den Arbeitsgruppen (Frauenberufe, Frauenbildung, soziale Einrichtungen und Bestrebungen, rechtliche Stellung der Frau) sowie die Vorträge in den Abendveranstaltungen über Frauenlöhne und über die Beziehungen der Frauenbewegung zu politischen Parteien und Religionsgemeinschaften.

Der Internationale Frauenkongreß in Paris vom 2. bis 10. Juni 1913
in: Die Frauenfrage
15. Jg., Nr., 7, 1. Juli 1913, S. 49 ff

Bericht über die Veranstaltungen des Frauenkongresses in Paris. Insbesondere behandelt Alice Salomon die Bedeutung dieses Kongresses für die internationale Zusammenarbeit und Verständigung, vor allem zwischen Deutschen und Französinnen. Ferner geht sie auf den Wandel ein, der sich in den letzten Jahren in der Haltung der Französinnen gegenüber dem Arbeiterinnenschutz ergeben hat: viele Französinnen sind nun ebenfalls der Ansicht, daß besondere Arbeiterinnenschutzgesetze notwendig sind.

Dixième Congrès International des Femmes
Oeuvres et Institutions Féminines, Droits des Femmes. Complet Rendu des Travaux
Par Mme Avril De Sainte-Croix Paris 1914
(Bericht vom 10. Internationalen Frauenkongreß in Paris)

Hierin von Alice Salomon:
1. Begrüßungsansprache in ihrer Eigenschaft als Generalsekretärin des Internationalen Frauenbundes. Sie betont den internationalen Charakter der Frauenbewegung (S. 24 f).
2. Mehrere kurze Diskussionsbeiträge zum Thema Arbeiterinnenschutz, in welchem sie die positiven Erfahrungen in Deutschland schildert. (S. 450 und S. 511 f)
3. Ansprache auf dem Abschlußbankett, in welcher es wiederum darum geht, nationale Grenzen zu überwinden und die Freundschaft zu den Französinnen zu bestärken.

Mehrsprachige Konferenzberichte

International Council of Women. First Annual Report of the Fifth Quinquennial Period. 1909 - 1910
Compiled by Dr. phil. Alice Salomon, Hon. Corresponding Secretary.
Selbstverlag

Darin von Alice Salomon:
  Corresponding Secretary's Report (English, French, German), S. 30-52

International Council of Women. Third Annual Report of the Fifth Quinquennial Period. 1910 - 1911
Compiled by Dr. phil. Alice Salomon, Hon. Corresponding Secretary.
Selbstverlag

Darin von Alice Salomon:
  Corresponding Secretary's Report (English, French, German), S. 27-40

International Council of Women. Third Annual Report of the Fifth Quinquennial Period. 1911 - 1912
Compiled by Dr. phil. Alice Salomon, Hon. Corresponding Secretary.
Selbstverlag

Darin von Alice Salomon:
  Corresponding Secretary's Report (English, French, German) S. 27-40

International Council of Women. Third Annual Report of the Fifth Quinquennial Period. 1912 - 1913
Compiled by Dr. phil. Alice Salomon, Hon. Corresponding Secretary.
Selbstverlag

Darin von Alice Salomon:
Corresponding Secretary's Report (English, French, German),
S. 21-40

International Council of Women. Third Annual Report of the Fifth Quinquennial Period. 1913 - 1914
Compiled by Dr. phil. Alice Salomon, Hon. Corresponding Secretary.
Selbstverlag

Darin von Alice Salomon:
Corresponding Secretary's Report (English, French, German),
S. 16-27

Internationaler Frauenbund

Secretary's Report of the Work of the International Council for the Period 1909 - 1914 (English, Français, Deutsch)
in: International Council of Women. Report on the Quinquennial Meetings. Rome 1914.
Edited by the Countess of Aberdeen, President of the I.C.W
G. Braunsche Hofdruckerei und Verlag, Karlsruhe o.J.,
S. 47-116

Bericht über Mitglieder und Tätigkeit des internationalen Frauenbundes: über Sitzungen, Versammlungen und die Arbeit der ständigen Kommissionen; über den Internationalen Frauenkongreß in Paris 1913, über die Ausstellungen und Kongresse in Berlin (1912) und Amsterdam (1913) zum Thema Frauenarbeit, über Informationsdienst und Publikationen, Enquêten und Petitionen an Regierungen.

legierten auf der Haager Tagung sogar möglich, die Kriegsschuldfrage und die Bestimmungen des Versailler Vertrages anzusprechen und bei den französischen und englischen Delegierten Verständnis für die hoffnungslose Lage, die sich für Deutschland aus dem Versailler Vertrag ergeben hatte, zu erlangen.

Die Zukunft des internationalen Frauenbundes
in: Nachrichten des internationalen Frauenbundes
7. Jg., Nr. 7, März 1929, S. 3-4

In diesem Beitrag behandelt Alice Salomon einige Probleme, die im Laufe der Zeit in Organisation und Arbeitsweise des internationalen Frauenbundes aufgetreten sind. Ein Problem ist, daß die "Gründergeneration" inzwischen ein Alter erreicht hat, in welchem sie beginnt, die Ämter niederzulegen. Neue Frauen müssen gewonnen werden, denen auch entsprechend der veränderten Situation der Zeit neue Arbeitsweisen und -formen zugestanden und ermöglicht werden müssen. Ein weiteres Problem ist die enorme Erweiterung des Bundes durch nationale Organisationen aus aller Welt. Alice Salomon macht Vorschläge, wie angesichts dieser Situation die Arbeit der Kommissionen, der Vorstands- und Generalversammlungen vereinfacht und ein unmittelbares Zusammenwirken der Frauen aller Welt am eigentlichen Ziel des internationalen Frauenbundes, nämlich die Frauen zur gemeinsamen Arbeit im Dienste der Menschheit zu vereinigen, ermöglicht werden kann.

Völkerbund und Pazifismus

Völkerbundgedanke und die Frauen
in: Die Frauenfrage
21. Jg., Nr. 5, 1. Mai 1919, S. 34 ff
außerdem in: Neue Bahnen
54. Jg., Nr. 22/24, Dezember 1919, S. 71 f

In diesem Beitrag zeigt Alice Salomon, warum vor allem Frauen am Völkerbundgedanken interessiert sein sollten und sich für ihn einsetzen müßten. Die Idee des Völkerbundes, die die Beziehungen zwischen den Nationen vom reinen Machtgedanken wegführen und auf eine rechtliche Grundlage stellen will, dient in erster Linie dazu, das Lebensrecht schwächerer Nationen gegenüber stärkeren zu sichern und weitere Kriege zu vermeiden. Nach Alice Salomons Ansicht verkörpert der Rechtsgedanke das weibliche Prinzip gegenüber dem männlichen Macht- und Kampfprinzip. Wenn der Machtgedanke die Oberhand gewinnt, sind Frauen immer die Unterlegenen, weil der Krieg die Werte, die Frauen geschaffen haben, nämlich das Leben überhaupt sowie mehr Menschlichkeit in den Beziehungen, vernichtet. Wenn es jedoch den Frauen gelänge, sich mit Hilfe ihrer neuen politischen Rechte einen eigenen Standpunkt zu Fragen der Weltpolitik zu erarbeiten, dann werden sie die ersten sein, denen es gelingt, sich über nationale Machtinteressen hinwegzusetzen und international für ein friedliches Zusammenleben der Völker zu arbeiten.

Alice Salomon gibt nach dem Krieg dem Völkerbundgedanken aufgrund der nationalen Ressentiments allerdings nur geringe Überlebenschancen.

Amerikanische Friedensfreunde
in: Die Eiche
12. Jg., Nr. 3. Juli 1924, S. 408-411

In diesem Beitrag untersucht Alice Salomon die Ursachen für das Anwachsen der amerikanischen Friedensbewegung nach dem 1. Weltkrieg. Es ist ihrer Meinung nach zurückzuführen auf religiöse und idealistische Motive des Puritanismus, auf das fehlende Verständnis der Amerikaner für die Konflikte der europäischen Nationen und auf die Enttäuschung aus der Erkenntnis, daß die Vereinigten Staaten nicht aus patriotischen, sondern aus ökonomischen Gründen in den Krieg eingetreten seien. Eine Zusammenarbeit der deutschen mit der amerikanischen Friedensbewegung könnte zu einer Annäherung der beiden Nationen beitragen.

Kongreß des Internationalen Friedensbüros
in: Nachrichten des internationalen Frauenbundes
3. Jg., Nr. 3/4, Dezember 1924, S. 6

Bericht über den Kongreß des Internationalen Friedensbüros (Genf) vom 1. - 8. Oktober 1924 in Berlin, an welchem Alice Salomon als Delegierte des internationalen Frauenbundes teilnahm. Auf dem Kongreß wurden Fragen der Friedensbewegung, der Abrüstung und der europäischen Einigung behandelt.

TEIL II

"DIE SOZIALE MISSION DER FRAU"
ALICE SALOMONS WELTANSCHAUUNG

Kapitel 1

Sozialarbeit als moralische Verpflichtung und politische Aufgabe

Soziale Frauenpflichten

Was wir uns und anderen schuldig sind
Ansprachen und Aufsätze für junge Mädchen.
Verlag B. G. Teubner, Leipzig 1912
2., unveränderte Auflage 1918, S. 135
außerdem unter dem Titel "Freiheit - an die jungen Mädchen"
in: Der Kunstwart
Bd 24, Heft 3, April 1911, S. 197 ff
Dieser Band enthält Aufsätze und Ansprachen, die zum größten Teil in den Versammlungen der Mädchen- und Frauengruppen für soziale Hilfsarbeit gehalten wurden und deren gemeinsamer Grundgedanke der "Ruf zu einer Arbeit, die sich auf eine Weltanschauung gründet", ist. Soziale Arbeit - und Berufsarbeit überhaupt - werden unter zwei Gesichtspunkten betrachtet: Einerseits sind sie eine Verpflichtung, das Abtragen einer Schuld des Einzelnen gegenüber der Gemeinschaft. Darüberhinaus ist jeder sich selbst eine Lebensführung schuldig, die in Übereinstimmung mit "den ewigen Wahrheiten und Grundgesetzen der Menschheit" und den eigenen religiösen und sittlichen Anschauungen steht.

Der Band enthält folgende, zum größten Teil bereits vorher in Zeitschriften und Broschüren veröffentlichte Aufsätze und Ansprachen:

- Was unser Leben an Pflichten fordert und an Glück verheißt
   Zuerst veröffentlicht in Heft 3 der Reihe "Neue Lebensziele. Ansprachen an junge Mädchen." 1907

- Die Entfaltung der Persönlichkeit
   Zuerst veröffentlicht in Heft 3 der Reihe "Neue Lebensziele. Ansprachen an junge Mädchen." 1907

- Was sollen wir mit unseren Töchtern anfangen?
   Zuerst veröffentlicht in: Gartenlaube Nr. 28, 1. Beilage 1908

- **Soziale Arbeit und persönliches Glück**
 Ansprache, gehalten bei Beginn des neuen Arbeitsjahres der Berliner Gruppen für soziale Hilfsarbeit 1905, zuerst veröffentlicht in: Centralblatt des Bundes deutscher Frauenvereine, Nr. 16, 1905

- **Ideal und Wirklichkeit**
 Ansprache, gehalten in der Sommerversammlung der "Mädchen- und Frauengruppen für soziale Hilfsarbeit", in Berlin 1910, zuerst veröffentlicht in: Blätter für soziale Arbeit 1911

- **Ausbildung zur sozialen Arbeit**
 Ansprache, gehalten bei der Eröffnung der sozialen Frauenschule am 15. Oktober 1908[6]

- **Soziale Arbeit in Amerika**
 zuerst veröffentlicht in: Centralblatt des Bundes deutscher Frauenvereine, Nr. 13 und 14, 1909[7]

- **Das Lebensbild einer Bürgerin**
 zuerst veröffentlicht in: Die Frau, Heft 4 und 5, 1912[8]

- **Lebensziele**
 Ansprache, gehalten in einer Propagandaversammlung der Mädchen- und Frauengruppen für soziale Hilfsarbeit in Berlin 1908.
 Ausgehend von ihrer Definition des allgemeinen, unveränderlichen Lebensziels der Menschen, nämlich einer "Lebensführung, die ihre Kräfte nutzt und in irgendeiner Form dem Fortschritt der Menschheit dient", fordert Alice Salomon in dieser Ansprache die jungen Mädchen aus dem Bürgertum auf, aus ihrem Müßiggang und Parasitendasein auszubrechen. Es sei ihre Pflicht, an der Arbeit der Welt teilzunehmen und sich nicht "außerhalb des gesetzmäßigen Austauschs von Leistung und Genuß zu stellen." Ferner geht sie auf die Schwierigkeit in der modernen Gesellschaft ein, in der, im Gegensatz zur traditionellen Gesellschaft, jeder die konkrete Form seines Lebenszieles selbst wählen kann und muß.

- **Freiheit**
 Ansprache, gehalten auf einer Jugendversammlung Deutscher Frauenvereine, Heidelberg 1910.

---

6 siehe Teil III/1 Soziale Schulen und Wohlfahrtsschulen.
7 siehe Teil IV/7 Sozialarbeit im Ausland.
8 siehe Teil II/2 Vorbilder.

In dieser Ansprache werden die jungen Mädchen aufgefordert, die Freiheiten, die vorhergehende Frauengenerationen für sie erkämpft haben - Freiheit, aus der Enge des häuslichen Lebens herauszutreten. Freiheit der Wahl des Interessenkreises, des Berufs, der Freunde, des Ehepartners, Freiheit zu wissenschaftlicher, künstlerischer und politischer Betätigung - richtig zu nutzen. Freiheit soll nicht Selbstzweck sein, sondern ein Mittel zu höherer Verantwortlichkeit. Sie besteht in der Freiheit der Wahl von Aufgaben und Bindungen und der Fähigkeit zum richtigen Gebrauch der Freiheit, die aber eine Frage der Erziehung ist.

- Die Frau und die Arbeit
zuerst veröffentlicht in: Die Frau, Heft 10 und 11, 1911[9]

- Frauenbewegung und soziale Arbeit
Ansprache, gehalten zu Beginn des neuen Arbeitsjahres der Berliner Gruppen für soziale Hilfsarbeit 1910. In dieser Ansprache geht es um den Zusammenhang von Frauenbewegung und sozialer Arbeit, zwei Bewegungen, die nach Ansicht Alice Salomons ursprünglich nichts miteinander zu tun hatten, sich aber im Laufe der Zeit angenähert und gegenseitig durchdrungen haben. Die Frauen, die in der Sozialarbeit tätig waren, erkannten immer mehr die Berechtigung und Notwendigkeit der Forderungen der Frauenbewegung für ihre eigene Tätigkeit. Ohne Mitwirkung bei der Gesetzgebung, ohne das Recht auf Bildung waren Frauen in der Sozialarbeit machtlos. Die Frauenbewegung wiederum wandte sich der sozialen Arbeit als einem Betätigungsfeld für Frauen zu, als sie erkannte, daß die Frauenfrage eng mit anderen Problemen der sozialen Frage, insbesondere der Frauenerwerbsarbeit, verbunden ist. Darüberhinaus betrachtet die Frauenbewegung, das heißt die gemäßigte Mehrheit (die Radikalen dachten anders darüber), ihre Teilnahme an der sozialen Arbeit, in der Frauen mehr und besseres leisten können als Männer, als eine Grundlage für die Forderung nach gleichen Rechten für Frauen. Und schließlich gibt sie den Frauen die Möglichkeit, durch praktische Erfahrung Kenntnisse über die Lebensbedingungen der Frauen zu erhalten.

---

9   siehe Teil I/2 Frau und Beruf.

- **Die Bedeutung der Frauenbewegung für das soziale Leben**
Vortrag, gehalten auf dem Deutschen Frauenkongreß in Berlin 1912,
zuerst veröffentlicht in: Der Deutsche Frauenkongreß, Berlin vom 27. Februar bis 2. März 1912.[10]

Was unser Leben an Pflichten fordert und an Glück verheißt - Die Entfaltung der Persönlichkeit und die sozialen Pflichten
Zwei Aufsätze in Heft 3 der von Gertrud Bäumer herausgegebenen Reihe "Neue Lebensziele. Ansprachen an junge Mädchen".
R. Voigtländers Verlag, Leipzig 1907, 16 S., 2. Auflage 1911
außerdem in: Die Frau
12. Jg., Heft 12, September 1905, S. 732 ff

Im ersten Aufsatz wendet sich Alice Salomon an die Töchter der besitzenden Klassen, denen sie Möglichkeiten aufweist, der Leere ihres Daseins, der untätig oder mit belanglosen Tätigkeiten und Vergnügungen verbrachten Wartezeit auf die Ehe zu entkommen. In der sozialen Arbeit könnten sie ein Lebensziel und persönliches Glück finden. Gleichzeitig sei die soziale Arbeit aber auch eine Verpflichtung für die Töchter ihres Standes.
Der zweite Aufsatz setzt sich mit dem um die Jahrhundertwende in Mode gekommenen "Edelindividualismus" Ellen Keys auseinander, der ausschließlich das Glück des "Ichs" in den Mittelpunkt stellt. Dem stellt Alice Salomon den "Gemeinsinn" gegenüber, der auf der Erkenntnis beruht, daß das "Ich" nur in der Gemeinschaft lebensfähig ist und auch nur dort zu voller Entfaltung gelangen kann. Die Wahrnehmung von Aufgaben in der Gesellschaft sei ein Mittel zur Entfaltung der Persönlichkeit, das auch den Töchtern der besitzenden Klassen offenstehen sollte.

Soziale Arbeit und persönliches Glück
Ansprache, gehalten bei Beginn des neuen Arbeitsjahres der Berliner Gruppen für soziale Hilfsarbeit 1905,
  abgedruckt in: Centralblatt des Bundes deutscher Frauenvereine,
  7. Jg., Nr. 16., 15. November 1905, S. 122 ff
sowie in: Baltische Frauenzeitschrift,
  1. Jg., Januarheft 1907, S. 179-186

10   siehe Teil I/3 Öffentliches Leben.

Dieser Beitrag geht auf die Probleme und die Unzufriedenheit ein, die sich im Laufe der Zeit unter den Mitarbeiterinnen der Gruppen für soziale Hilfsarbeit ergeben haben. Daß die Arbeit für manche Frauen nicht immer zu "persönlichem Glück" geführt hat, liegt nach Alice Salomons Meinung daran, daß sie die freiwillige Tätigkeit allzu "frei" und nicht als Pflicht aufgefaßt haben. Ferner sei außer gutem Willen auch ein gutes Können notwendig. Die Frauen werden aufgefordert, in sozialpolitischen Kursen theoretische Kenntnisse zu erwerben, um ihre Aufgaben zufriedenstellender erfüllen zu können. Außerdem erwarten - Alice Salomons Meinung nach - die Frauen von ihrer Arbeit ein Übermaß an persönlicher Befriedigung. Arbeit sei zwar die unerläßliche Vorbedingung für ein volles Lebensglück, aber in einer modernen, arbeitsteiligen Gesellschaft gehöre zum Glück mehr als nur Arbeit. Berufsarbeit könne keinen vollwertigen Ersatz für ein ausgefülltes Privatleben bieten. Der Konflikt der berufstätigen Frau bestehe darin, daß sie nicht so einfach wie die Männer Beruf und Familie "unter einen Hut" bringen könne.

Ideal und Wirklichkeit
Ansprache, gehalten in einer Versammlung der "Mädchen- und Frauengruppen für soziale Hilfsarbeit" in Berlin.
   Druck der G. Braunschen Hofdruckerei, Karlsruhe 1911, 8 S.

Diese Ansprache setzt sich mit dem Problem auseinander, daß die Mitarbeiterinnen der Gruppen für soziale Hilfsarbeit oftmals im Zuge der Emanzipationsbestrebungen zu hohe Ansprüche an die Arbeit stellen, hinsichtlich dessen, was zu ihrer Persönlichkeitsentfaltung, Freiheit, Entwicklung ihrer Fähigkeiten und Verwirklichung ihrer persönlichen Ideale beitragen soll. Die persönlichen Glücksansprüche geraten häufig in Konflikt mit den Zielen der "Gruppen" und der eigentlichen Richtung der sozialen Arbeit, die vor allem einen selbstlosen Dienst an der Gemeinschaft verlangt. Es soll nicht das Ziel sein, die Wirklichkeit den persönlichen Idealen anzupassen, sondern "die Wirklichkeit zu idealisieren", das heißt durch persönliche Hingabe, gute Arbeit zu leisten, deren rückwirkende Kraft erst die Bedingung für ein erfülltes Dasein bildet. Die soziale Idee kann nur von Menschen verwirklicht werden, die ihr eigenes Leben in dieser Richtung ändern.

Wohltätigkeit und soziale Hilfsarbeit
in: Ethische Kultur
   10. Jg., Nr. 24, 14. Juni 1902, S. 188-189

Der Beitrag behandelt die Entwicklung von der Wohltätigkeit als ein auf persönlicher Kenntnis des Hilfsbedürftigen und Nächstenliebe beruhendes Almosengeben hin zur sozialen Arbeit, die auf Gemeinsinn und einer vertieften Kenntnis gesellschaftlicher Bedingungen beruht.

Ein ähnlicher Beitrag unter dem Titel:

Soziale Hilfsarbeit
in: Baltische Frauenzeitschrift
3. Jg., Februarheft 1909, S. 205-209

In diesem Beitrag wird außerdem noch ein besonderes Gewicht auf die Pflicht zur Arbeit für die gebildeten und besitzenden Klassen gelegt.

Die Aufbringung der Mittel für soziale und caritative Zwecke
in: Die Frau
20. Jg., Heft 3, Dezember 1912, S. 160-170

Besprechung einer vom Deutschen Verein für Armenpflege und Wohltätigkeit herausgegebenen Untersuchung von Albert Levy und Hedwig Goeke über "Die Beschaffung der Geldmittel für die Bestrebungen der freien Liebestätigkeit" (1912). Die Autoren stellten die Methoden zusammen, mit denen die Wohltätigkeitsvereine die Mittel für ihre Tätigkeit aufbringen und ordneten sie nach den Gesichtspunkten ihrer Wirksamkeit und ihrer moralischen Zulässigkeit. Dabei stellten sie fest, daß die Methoden, die sie als moralisch verwerflich bezeichneten, wie zum Beispiel Wohltätigkeitsbälle, -lotterien, -basare, -tombolas und andere sporadische Wohltätigkeitsveranstaltungen, gleichzeitig die uneffektivsten hinsichtlich ihres finanziellen Ertrags sind. Hingegen bilden Mitgliedsbeiträge für die einzelnen Vereine und regelmäßige Spenden, die auf Aufklärung über den Zweck beruhen, die finanzielle Grundlage für die Arbeitsmöglihkeit der Vereine. Alice Salomon fordert die Frauenvereine, die keine öffentlichen Gelder erhalten, sondern auf private Finanzierung angewiesen sind, auf, sich der letzteren Methode zu bedienen. Ferner geht sie auf das Problem ein, daß die Frauen der bemittelten Schichten immer noch nicht das Recht haben, ohne Zustimmung des Ehemannes über Geld zu verfügen und nach ihrem Belieben Geld zu spenden oder Mitgliedsbeiträge zu zahlen, so daß die finanzielle Lage der Frauenvereine noch schlechter aussieht als die anderer Wohltätigkeitsvereine.

Soziale Frauenpflichten
Vorträge, gehalten in deutschen Frauenvereinen.
Verlag Otto Liebmann, Berlin 1902, 136 S.

Die in diesem Band gesammelten Vorträge haben alle zum Ziel, Frauen für die soziale Arbeit zu gewinnen und den Frauenvereinen Anlaß zur Erörterung und Aufnahme neuer sozialer Arbeitsgebiete zu geben. Sie sind beherrscht von dem Gedanken der sozialen Mission der Frau, die ihren spezifisch weiblichen Einfluß in der sozialen Arbeit geltend machen muß. Im ersten Kapitel geht es um eine allgemeine Definition von sozialer Hilfstätigkeit. Sie wird abgegrenzt gegenüber der herkömmlichen, auf Barmherzigkeit und Herablassung beruhenden Wohltätigkeit. Vielmehr liegt sie im Interesse des gesamten Volkes, ist eine Notwendigkeit auf dem Weg zu sozialem und kulturellem Fortschritt. Für Frauen meint der Begriff soziale Hilfsarbeit die Umsetzung des erweiterten Mutterschaftsgedankens, die Übertragung der Mutterliebe von der Familie auf die Welt. Ferner wird der Zusammenhang von Frauenfrage und sozialer Frage hergestellt. Der Zwang zur Arbeit für die Arbeiterin und die Verurteilung zum Müßiggang für die Frauen des Bürgertums sind zwei Seiten desselben Problems. Darüberhinaus gibt die Wahrnehmung sozialer Pflichten den Frauen die Möglichkeit, ihre Forderung nach Einfluß im öffentlichen Leben zu begründen. In den folgenden Kapiteln werden einzelne Bereiche der Wohlfahrtspflege - zum Beispiel öffentliche Armenpflege, öffentlicher und privater Kinderschutz - beschrieben, in denen Frauen aktiv werden können. In jedem Abschnitt werden Ursachen und Bedingungen der sozialen Mißstände unter ökonomischen, sozialen und kulturellen Gesichtspunkten behandelt, Vorschläge für soziale Reformen, gesetzliche Neuregelungen, Schutzbestimmungen gemacht, für die Frauen sich einsetzen können. Außerdem werden konkrete Anregungen, oft mit Beispielen aus anderen Ländern, gegeben, wie Frauen die weiblichen Impulse in die öffentlichen Armenverwaltungen hineintragen können. Ein besonderes Kapitel behandelt den Arbeiterinnenschutz, eine Frage, die damals in der internationalen Frauenbewegung sehr umstritten war. Die einen vertraten die Ansicht, daß spezielle Schutzgesetze sich für die Frauen auf dem Arbeitsmarkt eher nachteilig auswirkten, während die anderen, zu denen auch Alice Salomon gehörte, meinten, daß die physische Konstitution der Frau einen Ausgleich fordere und ihre Leistung des Gebärens und der Kindererziehung, die ja im gesellschaftlichen Interesse liegt, geschützt und anerkannt werden muß. Im letzten Kapitel geht es um die Frage, ob und wie Frauen als Käuferinnen von

Bedarfsgütern Einfluß auf die Arbeitsbedingungen von Fabrikarbeiterinnen und Verkäuferinnen nehmen können. Es werden Organisationsversuche in Konsumentenvereinen aus England und den Vereinigten Staaten beschrieben, die durch ihr Kaufverhalten (Konsumentenmoral) Verbesserungen der Arbeitsbedingungen in Fabriken und Geschäften erreicht haben.

Die soziale Dienstpflicht der Frau
in: Zeitschrift für das Armenwesen
14. Jg., Heft 10, Oktober 1913, S. 275-283

In diesem Beitrag setzt sich Alice Salomon mit Vorschlägen auseinander, ob und wie für die Frau - entsprechend der Wehrpflicht für den Mann - eine soziale Dienstpflicht eingeführt werden kann. Alice Salomon lehnt eine Zwangseinziehung zur sozialen Dienstpflicht ab, weil sie weder notwendig noch zweckmäßig ist. Sie ist nicht notwendig, weil inzwischen immer mehr Frauen sich ihrer sozialen Pflichten bewußt werden und freiwillig einen sozialen Dienst übernehmen. Die erzwungene Dienstpflicht ist nicht zweckmäßig, weil soziale Arbeit als eine pädagogische Führungsaufgabe wesentlich auf der Freiheit und der Eigenverantwortung der Sozialarbeiterin beruht, die nicht erzwungen werden können.

Jugendführung und Berufsethos
in: Jugend heraus!
6. Jg., Nr. 4, April 1929, S. 129-131

In diesem Beitrag behandelt Alice Salomon die Anforderungen, die an die Persönlichkeit und Lebensführung der Jugendleiterin gestellt werden müssen. Neben einer geschlossenen Persönlichkeit, Zielstrebigkeit und Hingabe an den Beruf, wodurch sie zu einer Autorität und zu einem Vorbild für die ihr anvertrauten Jugendlichen wird, ist es für sie - wie für alle Menschen in sozialen und pädagogischen Berufen - unbedingt erforderlich, daß sie ihr eigenes Handeln und ihre eigene Lebensführung dem sozialen Gesetz unterwirft, was ihr die Sicherheit und Orientierung gibt, andere zu erziehen und zu führen. Menschen, die nur nach ihrem individuellen Gesetz leben wollen, sollten keine sozialen und pädagogischen Berufe ergreifen. Alice Salomon erläutert dies am Beispiel der unehelichen Mutterschaft: Frauen, die sich für die ledige Mutterschaft entscheiden, handeln nach ihrem inividuellen Gesetz und verstoßen gegen die soziale Norm, die Mutterschaft nur für die verheiratete Frau zuläßt. Als Sozialpädagoginnen und Vorbild für die Jugend sind sie daher ungeeignet.

Persönliche Frauenkräfte in der sozialen Arbeit
in: Frau und Gegenwart
27. Jg., Nr. 17., 1. Juni 1931, S. 436 ff

Alice Salomon beschreibt hier zunächst die Gefahren, die die moderne Entwicklung für die soziale Arbeit mit sich gebracht hat. Die zunehmende Übernahme durch öffentliche Träger, die Eingliederung der Sozialarbeit in den Verwaltungsapparat, die Entwicklung des Rechtsanspruches auf Hilfeleistung und die Ausformung des Sozialarbeiterberufes haben zwar auch wesentliche Vorteile, da sie der Sozialarbeit das Wohltätige und Gönnerhafte genommen haben. Andererseits droht der eigentliche Sinn sozialer Arbeit - nämlich die Ausrichtung auf die Sphäre des Menschlich-Persönlichen - verlorenzugehen und sich den institutionellen Sachzwängen unterzuordnen.

Aufgabe der Frauen, der Sozialarbeiterinnen, ist es daher, die einstigen Ziele der Frauenbewegung weiterhin zu verfolgen und der männlich-sachlichen Kultur in der Gesellschaft die weiblich-persönliche Kultur zur Seite zu stellen.

Die Wirksamkeit des Mannes im öffentlichen Leben
in: Nachrichten des Internationalen Frauenbundes
8. Jg., Nr. 6, Februar 1930, S. 3

Beitrag zu einer Artikelserie, in der Frauen aus verschiedenen Ländern Stellung nahmen zum Thema: "Was die Frauen von der Wirksamkeit der Männer im öffentlichen Leben halten". Alice Salomon schreibt den Männern die Entwicklung von Wissenschaft und Technik, die wachsende Naturbeherrschung und die Vermehrung der materiellen Güter zu, während sie die Entwicklung einer adäquaten Sozialwissenschaft vernachlässigt haben. Die Förderung der menschlichen Beziehungen, der Lebenstechnik und Lebenskunst bleibt daher die Aufgabe des weiblichen Geistes im öffentlichen Leben.

Sittliche Ziele und Grundlagen der Wohlfahrtspflege

Von der Caritas zur Sozialpolitik
in: Der Kunstwart
   Bd 26, 1, Heft 5, Dezember 1912, S. 315-318

In diesem Beitrag beschreibt Alice Salomon, wie sich die ehemalige auf christliche Nächstenliebe begründete und auf den einzelnen Armen oder Kranken gerichtete Caritas zur Sozialpolitik weiterentwickelt, sich den modernen wirtschaftlichen und sozialen Verhältnissen anpaßt. Die Verantwortung des Bürgers in der modernen Gesellschaft richtet sich nicht mehr auf den einzelnen Hilfsbedürftigen, sondern auf die ganze besitzlose Klasse bzw. auf die Gesamtheit des Staates, und seine Hilfe läßt er den Armen und Kranken durch seine Mitwirkung an sozialen Reformen und seine Mitarbeit in den Wohlfahrtsinstitutionen zukommen. Das christliche Ideal der Nächstenliebe soll dadurch unverändert bleiben, nur daß es nun auch die Pflicht zu politischer Verantwortung miteinschließt.

Über die inneren Voraussetzungen der Wohlfahrstpflege
in: Vom Wesen der Wohlfahrstpflege
   Festgabe für Dr. Albert Levy zum 25-jährigen Bestehen der
   Zentrale für private Fürsorge e. V. Berlin.
   Verlag Franz Vahlen, Berlin 1918, S. 11-14

In diesem Festschrift-Beitrag weist Alice Salomon auf den besonderen Verdienst der Zentrale für private Fürsorge hin, der es gelungen ist, innerhalb der Entwicklung der Wohlfahrstpflege zu ihrem modernen Charakter (Entstehung der sozialen Berufsarbeit, Übernahme der Fürsorge durch öffentliche Körperschaften) ihr eigentliches Wesen und ihre inneren Antriebskräfte zu bewahren. Ohne Hingabe, Opferbereitschaft und den Willen zum Dienst an der Gemeinschaft würde die Wohlfahrstpflege ihren Sinn verlieren.

Religiös-sittliche Kräfte in der sozialen Arbeit
Aus einem Vortrag, gehalten auf der Tagung der "Sozialen Jugendgemeinschaften Deutschlands" in Jena
in: Ratgeber für Jugendvereinigungen,
   14. Jg., Heft 11/12, Nov./Dez. 1920, S. 157 ff

In diesem Beitrag untersucht Alice Salomon die Frage, welche Bedeutung den religiös-sittlichen Kräften - neben anderen Motiven - in der sozialen Arbeit zukommt. Ihrer Ansicht nach sind diese Kräfte die einzigen, die den Menschen nicht nur zu sozialer Gesinnung, sondern auch zu der sozialen Tat führen und ihm die Kraft geben, trotz Mißerfolgen an dieser Arbeit festzuhalten und weiterzumachen.

Die inneren Grundlagen der Jugendwohlfahrtspflege
Erziehung, Fürsorge, Selbsthilfe
in: Soziale Berufsarbeit.
2. Jg., Heft 5/6, Oktober/November 1922, S. 17-21

In diesem Beitrag bespricht Alice Salomon den 1. Paragraphen des neuen Reichsjugendwohlfahrtsgesetzes, in dem es heißt, daß jedes deutsche Kind ein Recht auf Erziehung zu leiblicher, seelischer und gesellschaftlicher Tüchtigkeit hat. Es geht Alice Salomon darum zu zeigen, welche philosophischen und ethischen Grundhaltungen, welche Auffassung vom Menschen, von den Beziehungen zwischen Individuum und Gesellschaft diesem Paragraphen zugrundeliegen und was den Gesetzgeber veranlaßte, ein Recht auf Erziehung gesetzlich zu verankern. Als Konsequenz für die Fürsorge ergibt sich aus diesem Paragraphen, daß die Jugendwohlfahrtspflege eine Erziehungsaufgabe im weitesten Sinne ist, daß sie dort Erziehungsaufgaben übernimmt, wo die Familie versagt und wo die zunehmende Atomisierung der Massen und das kapitalistische Konkurrenzprinzip eine Erziehung zur Gemeinschaft verhindern. Es ist hier die Aufgabe der Jugendhilfe, wie der Fürsorge überhaupt, die Voraussetzungen und Möglichkeiten zur Selbsthilfe zu schaffen und Ansätze von Gemeinschaftsbildung, Nachbarschaftshilfe, Jugendorganisation zu fördern und zu organisieren.
In diesem Sinne enthält das Jugendwohrfahrtsgesetz ein in die Zukunft gerichtetes Element, indem es die Aufgabe der Erziehung im Sinne Kants formuliert: daß sie nämlich nicht zum gegenwärtigen, sondern zu einem künftigen, besseren Zustand der Menschheit, der ihrer Bestimmung entspricht, führen soll.

Die sittlichen Ziele und Grundlagen der Wohlfahrtspflege
Referat auf dem 37. Deutschen Fürsorgetag des Deutschen Vereins für öffentliche und private Fürsorge am 28. und 29. Oktober 1921 in Weimar.

in: Neue Folge der Schriften des Deutschen Vereins für öffentliche und
private Fürsorge, 2. Heft. G. Braunsche Hofdruckerei und Verlag,
Karlsruhe 1922, S. 1-12,
auch erschienen als Sonderdruck, 12 S.
sowie in: Soziale Berufsarbeit
Verlag Liebheit & Thiesen, Berlin, 1. Jg., Heft 11, März 1922,
S. 41-44,
Heft 12, April 1922, S. 45-46

In diesem Referat behandelt Alice Salomon die unterschiedlichen Motive der Wohlfahrstpflege: religiöse, nationale, humanitäre, das Motiv der Berufs- und Klassensolidarität. Sie geht auf deren Entwicklung und jeweilige theoretische Ausformung ein. Ihre Gemeinsamkeiten betrachtet sie unter dem Gesichtspunkt des Willens zur Gestaltung menschlich-gesellschaftlicher Beziehungen und des sozialen Idealismus als gemeinschaftsbildender Kraft.

Kurswert der Nächstenliebe
in: Soziale Arbeit (Wien)
29. Jg., Heft 1-3, März 1931, S. 17-19

Ausgehend von dem Wandel, den die Motivation zur sozialen Arbeit erlebt hat - nämlich von der persönlichen Barmherzigkeit zur staatlich verkörperten Gerechtigkeit - behandelt Alice Salomon die Frage, welchen Stellenwert das Prinzip der Nächstenliebe in der sozialen Arbeit noch haben sollte. Ihrer Ansicht nach trägt die Herausbildung der gesetzlichen Sozialversicherung und des behördlichen Fürsorgewesens die Gefahr in sich, daß sich der Einzelne der Verantwortung für die Gesellschaft entzieht. Aber gerade der persönliche Einsatz und das Bemühen um gegenseitiges Verstehen sind in Zeiten der Massennot besonders wichtig, da sie Hilfeleistungen bringen können, die mit beschränkten behördlichen Mitteln und Maßnahmen nicht zu erreichen sind.

Zum sozialen Frieden
in: Die Frau
12. Jg., Heft 6, März 1905, S. 330-334

Bericht über die Einrichtungen und Aktivitäten des Hamburger "Volksheims" anläßlich seines dreijährigen Bestehens. Dabei sind für Alice Salomon nicht die einzelnen Veranstaltungen - Vortragsabende, Ausstellungen, Lehrlingsvereine, Klubs, Beratungsstelle - an sich von Bedeutung, sondern die Tatsache, daß hier von Angehörigen der bürgerlichen Klasse der Versuch unternommen wurde, an einem zentralen Punkt in einem Arbeiterviertel das Leben der Arbeiter aus eigener Anschauung kennenzulernen und einen Prozeß zu gegenseitigem Verständnis und Lernen und zur Überbrückung der Klassengegensätze in Gang zu setzen.

Die soziale Idee in den Weltanschauungen des 19. Jahrhunderts
in: Soziale Praxis
14. Jg., Nr. 45, 11. August 1910, Sp. 1270-1272

Besprechung des gleichnamigen Buches von Gertrud Bäumer (Heilbronn 1910), welches Alice Salomon allen an der sozialen Frage interessierten Personen sowie den sozialen Arbeitern als Lektüre empfiehlt, um sich jenseits der täglichen Routine im Umgang mit den sozialen Problemen über die philosophischen und weltanschaulichen Grundlagen ihres Handelns Klarheit zu verschaffen. Gertrud Bäumer betrachtet die Geschichte der sozialen Idee im 19. Jahrhundert als ein Ringen individualistischer und sozialistischer Prinzipien, die in Carlyle und Ruskin schließlich zu einer Synthese gelangt sind. Diese Synthese sowie die Anerkennung der beiden ethischen Prinzipien 'persönliche Freiheit' und 'soziale Gerechtigkeit' sind nach Gertrud Bäumers - und auch Alice Salomons - Ansicht die Ideale, die in der neuen Zeit angestrebt werden müssen.

Soziale Arbeit und Sozialismus
in: Die Frau
26. Jg., Heft 9, Juni 1919, S. 263-270

In diesem Beitrag fordert Alice Salomon die in erster Linie dem Bürgertum entstammenden sozialen Arbeiter auf, ihre Arbeit der Vorkriegs- und Kriegszeit auch nach der Revolution in dem von der Sozialdemokratie regierten Deutschland fortzusetzen. Sie führt aus, daß auch der Sozialismus soziale Arbeit nicht entbehren kann, da erstens die Vergesellschaftung der Produktionsmittel die Klassengegensätze nicht beseitige und zweitens die gebildeten bürgerlichen Schichten benötigt werden, um das Proletariat zur Teilnahme an Selbstverwaltung und höherer Kultur zu befähigen. Sie kritisiert die sozialen Arbeiter- und Wohlfahrtsorganisationen, die sich unter den neuen Verhältnissen von der sozialen Arbeit zurückziehen wollen. Zwar gebe es beträchtliche Unterschiede zwischen dem Programm der Sozialdemokratie (das Erfurter Programm beruhte noch auf marxistischen Grundsätzen) und den Zielen der Sozialarbeit, zwischen Revolution und sozialer Reform, das dürfe jedoch das an sozialen Idealen orientierte Bürgertum nicht daran hindern, so weit wie möglich mit der Sozialdemokratie am Aufbau einer neuen, gerechteren Gesellschaft zusammenzuarbeiten und seine Vorstellungen von Ausgleich und Überwindung der Klassengegensätze zur Geltung zu bringen.

Das Problem der Armut
in: Zeitschrift für das Armenwesen
13. Jg., Heft 12, Dezember 1912, S. 359-371

Besprechung des gleichnamigen Buches von Sidney und Beatrice Webb (deutsche Übersetzung von Helen Simon, Jena 1912).
Die Webbs kritisieren in diesem Buch das bisherige unkoordinierte System von polizeilicher Armenverwaltung und privater Wohltätigkeit, das mit der Vergabe von Almosen oder anderen Maßnahmen erst dann eingreift, wenn die Notlage bereits ein fortgeschrittenes Stadium erreicht hat, das so eher zur Erhaltung des Armutsproblems als zu seiner Beseitigung beiträgt. Stattdessen fordern sie vorbeugende Maßnahmen auf dem gesamten Gebiet der Gesundheitsvorsorge, der Jugendpflege und -erziehung, Maßnahmen zur Verhinderung von Verwahrlosung und Arbeitslosigkeit. Dies kann nur erreicht werden, wenn das bisherige Nebeneinander sporadischer Almosenvergabe reformiert und vereinheitlicht und der Aufsicht staatlicher Behörden unterstellt wird, deren Funktion sich wiederum nach der Art des zu befriedigenden Bedürfnisses richtet (zum Beispiel Gesundheits- und Erziehungsbehörde).
Alice Salomon empfiehlt dieses Buch allen an der sozialen Frage Interessierten, da das angesprochene Problem auch für deutsche Verhältnisse eine grundlegende Frage ist. Allerdings hat sie einige Bedenken

gegen das von den Webbs vorgeschlagene Zwangserziehungssystem für "Arbeitsscheue" in Arbeitslagern. Ebenso ist sie in der Frage der Arbeitslosenversicherung anderer Meinung. Diese lehnen die Webbs ebenfalls ab, weil es sich dabei um eine das Problem nachträglich behandelnde und nicht um eine vorbeugende Maßnahme handelt und somit der Armut wieder Vorschub leistet. Alice Salomon ist dagegen der Ansicht, daß sich für deutsche Verhältnisse die Arbeiterversicherung in Verbindung mit Unfallschutzbestimmungen zur Verhütung von Invalidität bewährt hat.

Industrielle Wohlfahrt als neue Philosophie
in: Soziale Praxis
31. Jg., Nr. 43, 26. Oktober 1922, Sp. 1171-1174

Der Beitrag behandelt eine während und nach dem Krieg in England entstandene Strömung, die sich die Umgestaltung der industriellen Organisation auf der Grundlage der Zusammenarbeit von Kapital und Arbeit zum Ziel gesetzt hatte. Die Bewegung organisierte sich in zwei unterschiedlichen Gruppen. Die hauptsächlich aus Unternehmervertretern bestehende "Gesellschaft für industrielle Wohlfahrt" plädierte für Betriebsreformen, Beteiligung von Betriebsräten an Unternehmensentscheidungen und Betriebswohlfahrt vor allem aus Gründen der Produktivitätssteigerung und der Furcht vor dem Bolschewismus. Ihr Ziel war die Einbindung des Arbeiters in einen paternalistischen Familienbetrieb. Die Vereinigung der Fabrikwohlfahrtsbeamten dagegen, die ihre Legitimation auf der Seite der Arbeiterorganisationen sah, berief sich stärker auf die Grundlage einer neuen "industriellen Philosophie", derzufolge die gleiche Beteiligung von Arbeitern und Unternehmern am Produktionsprozeß auch zu einer gleichberechtigten Mitsprache bei Entscheidungen führen muß, der arbeitende Mensch nicht Rohstoff im Produktionsprozeß bleiben darf, sondern in den Mittelpunkt des Arbeitsprozesses gestellt werden muß.

Nach Alice Salomons Ansicht ist in Deutschland, wo Krieg und Revolution die Klassengegensätze verschärft haben, ein solches System nicht so leicht durchzusetzen. Trotzdem muß es das Ziel aller fortschrittlichen Länder sein, diese neue industrielle Philosophie zu verwirklichen, zu einer Interessengemeinschaft von Unternehmern und Arbeitern, von Hand- und Kopfarbeit zu gelangen, zu einem Geist der Gemeinsamkeit, der erst die Vorbedingung für die Sozialisierung ist.

Kapitel 2

Vorbilder

Jugend- und Arbeitserinnerungen
in: Führende Frauen Europas. In sechzehn Selbstschilderungen, herausgegeben und eingeleitet von Elga Kern.
Verlag Ernst Reinhardt, München 1928. S. 3-34

Alice Salomon beschreibt hier ihre Entwicklung von der Tochter aus bürgerlichem Hause, die sich gegen die Unerträglichkeit des Lebens, das im Warten auf die Ehe besteht, gegen das Provisorische ihres Daseins auflehnt, sich die Frage nach dem Sinn ihres Lebens stellt und ihn schließlich in der sozialen Arbeit findet. Sie berichtet von den einzelnen Stationen ihres Lebens, das für sie erst mit der Arbeit begonnen hat, angefangen von der Mitarbeit in den Mädchen- und Frauengruppen für soziale Hilfsarbeit, über die Entwicklung der Forderung nach sozialer Frauenbildung, die Gründung der sozialen Frauenschule bis zur Gründung der Deutschen Akademie für soziale und pädagogische Frauenarbeit. Sie erwähnt die Personen, die sie beeinflußt und gefördert haben, zum Beispiel Jeanette Schwerin, die sie zur Erkenntnis der sozialen Verpflichtung und zur Frauenbewegung führte und schildert, wie sie sich selbst eine Stellungnahme zu den Problemen der Zeit erarbeitete, zum Beispiel in der Frage des Arbeiterinnenschutzes, in der sie die Auseinandersetzung sowohl mit dem Sozialismus als auch mit der bürgerlichen Frauenbewegung führen mußte. Ferner geht sie auf ihr Universitätsstudium ein, auf ihre Sicht des Zusammenhangs von Wissenschaft und Berufsausbildung, auf ihre publizistische Tätigkeit. Ihre Mitgliedschaft und Tätigkeit als Schriftführerin im Internationalen Frauenbund schildert sie in engem Zusammenhang mit der Frage von Nationalismus und Internationalismus. Hinsichtlich der Dinge, die sie als rein persönlich bezeichnet (Freundschaften, Gefühle, das "Privatleben"), ist sie sehr zurückhaltend und schreibt nur über die Gründe, warum sie nicht geheiratet hat.

Soziale Führer
Ihr Leben, ihre Lehren, ihre Werke. Wissenschaft und Bildung, Einzeldarstellungen aus allen Gebieten des Wissens, Band 279
Verlag Quelle & Meyer, Leipzig 1932, 151 S.
Vorabdruck über: Jane Addams
in: Soziale Arbeit (Wien),
30. Jg., Heft 1-3 März 1922, S. 1-16

Der Band enthält Biographien von Franz von Assisi, Robert Owen, Florence Nightingale, Johann Hinrich Wichern, Wilhelm Emmanuel von Ketteler, Otto v. Bismarck als Sozialpolitiker, Ferdinand Lassalle, Ernst Abbe, Leo Tolstoi, Henry George und Jane Addams. Die Auswahl von Persönlichkeiten, die sich aufgrund ihrer Weltanschauung mit der sozialen Frage beschäftigten, geschah unter dem Gesichtspunkt, ob sie Werke oder Bewegungen hinterließen, die Ausdruck ihrer Gesinnung sind, ob sie "Praktiker des sozialen Idealismus" sind. Die Auswahl bezieht sich in erster Linie auf das 19. Jahrhundert, in welchem die soziale Frage in ihrem modernen Sinne entstand. Alice Salomon kommt es darauf an zu zeigen, welche religiöse oder weltanschauliche Motivation jeweils Leben und Wirken dieser Persönlichkeiten, die sie als ihre Vorbilder bezeichnet, bestimmt hat, und daß sie von sehr unterschiedlichen Weltanschauungen und auf unterschiedlichen Wegen zu sozialen Idealen gelangt sind. So gibt es zum Beispiel Unterschiede zwischen einer religiösen und einer weltlichen (staatlichen oder humanitären) Orientierung. Außerdem stellt sie Unterschiede zwischen Männern und Frauen in der Art des sozialen Idealismus und der sozialen Tätigkeit fest.

Heroische Frauen
Lebensbilder sozialer Führerinnen
Verlag für Recht und Gesellschaft A-G,
Zürich/Leipzig, 1936

Diese Lebensbilder wurden zusammengestellt, um einen Frauentyp darzustellen, der im 19. Jahrhundert mit persönlichen Opfern und Hingabe für soziale Gerechtigkeit gekämpft hat und so der sozialen Idee zum Durchbruch verhalf. Alice Salomon will mit diesem Beitrag auch aufzeigen, daß die Art dieses Kampfes und die Motivation hierzu ihrer Ansicht nach zum Wesen der Frau gehören. Diese weibliche Wesensart ist dabei, die Grenzen der Familie zu verlassen und in der Öffentlichkeit Bedeutung zu erlangen.

Der Band enthält Biographien von Harriet Beecher-Stowe, Josephine Butler, engl. Sozialreformerin und Gründerin der Internationalen Abolitionistischen Föderation, Amalie Sieveking, Vorkämpferin der evangelischen weiblichen Diakonie und Gründerin des weiblichen Vereins für Armenpflege, Florence Nightingale, Susan B. Anthony, Gründerin der Frauenstimmrechtsbewegung in den USA, Luise Otto-Peters, Bertha von Suttner, Eglantyne Jebb, Vorkämpferin für Internationalen Kinderschutz.

Das Lebensbild einer Bürgerin
in: Die Frau
19. Jg., Heft 4, Januar 1912, S. 220-229
Heft 5, Februar 1912, S. 290-299

Kurze Biographie der amerikanischen Sozialreformerin, Frauenrechtlerin, Pazifistin und Begründerin des Settlements Hull House in Chicago Jane Addams (1850 -1935) nach ihrer Autobiograhie von 1911: Twenty Years at Hull House, with Autobiographical Notes. Bemerkenswert sind die Parallelen zu Alice Salomons eigener Biographie: einmal die Suche einer Frau aus bürgerlichem Hause, die eine höhere Bildung genossen hat, nach einem Lebensziel; zum anderen der besondere Zugang, den sie über ihre Arbeit zum christlichen Glauben findet. Ferner geht sie auf den Konflikt ein, der sich für die soziale Arbeiterin aus bürgerlichem Hause zwischen ihrem privilegierten Leben einerseits und ihren sozialen Idealen andererseits ergibt.

Außerdem über Jane Addams:

Bertha von Suttner, Jane Addams. To som har fått NobelFredsprisen
Kommisjon Hos. H. Aschehoug & Co., Oslo 1935

Zum Hintergrund der beiden letzten Artikel, Hans Muthesius (Hrsg.), Alice Salomon, Die Begründerin des Sozialen Frauenberufs in Deutschland, Berlin 1958, S. 115:

Betzy Kjelsberg, ihre norwegische Freundin, schlug Alice Salomon vor, den Lebenslauf der zwei weiblichen Nobelpreisträger zur Veröffentlichung in Norwegen zu schreiben. Man kann sich eines Lächelns nicht erwehren, wenn man die Naivität dieses Vorschlages bedenkt: Bertha von Suttner und Jane Addams hatten den Nobelpreis für Frieden bekommen und waren überzeugte Pazifisten. Alice Salomon, die nicht anonym schreiben wollte, begab sich mit einer an Unverfrorenheit grenzenden Unbefangenheit zum Propagandaministerium, um die Erlaubnis zu beantragen. Zunächst wurde sie verweigert; als sie aber auf einer schriftlichen Absage bestand und darauf anspielte, daß die Sache in die norwegische Presse geraten könne, gab der Beamte erstaunlicherweise nach und ließ die Drucklegung - mit einer unwichtigen kleinen Änderung - zu. Die psychologische Genugtuung dieses kleinen Erfolgs war Alice Salomon wichtiger als die Angelegenheit selber. Aber auch solche Möglichkeiten gab es bald nicht mehr. Die deutsche Regierung hörte auf, sich um die gute Meinung der Auslandspresse zu kümmern.

Lady Aberdeens Lebenserinnerungen
in: Die Frau
33. Jg., Heft 8, Mai 1926, S. 485-490
Heft 9, Juni 1926, S. 549-556

Besprechung der Lebenserinnerungen von Lord und Lady Aberdeen ("We Two". The Reminiscences of Lord and Lady Aberdeen. London 1926). Alice Salomon geht insbesondere auf den Lebenslauf und das Wirken Lady Aberdeens ein, auf ihr soziales und politisches Engagement und ihre Tätigkeit als Vorsitzende des Internationalen Frauenbundes. Bemerkenswert scheint ihr ferner die Ehe von Lord und Lady Aberdeen, die sie als das Vorbild einer modernen Ehe bezeichnet, in der die Gatten in ihren geistigen Interessen harmonieren und in ihren sozialen Bestrebungen zusammenarbeiten.

Zur Goldenen Hochzeit von Lord und Lady Aberdeen
in: Nachrichten des Internationalen Freundbundes
6. Jg., Nr. 3, November 1927, S. 1-2

Glückwunschschreiben zur Goldenen Hochzeit von Lord und Lady Aberdeen, deren Lebensgemeinschaft Alice Salomon als das Ideal einer modernen Ehe würdigt.

Lord Aberdeen
in: Nachrichten des Internationalen Frauenbundes
12. Jg., Nr. 8, April 1934, S. 71-73
Der Beitrag ist mit Alice Salomon unterzeichnet und wahrscheinlich von Alice Salomon.

Nachruf auf Lord Aberdeen (1847 - 1934), den Ehemann der langjährigen Vorsitzenden des Internationalen Frauenbundes Lady Aberdeen. Alice Salomon würdigt die - in ihren Augen - ideale Ehe von Lord und Lady Aberdeen und deren geistige Übereinstimmung, die sie jeweils an den politischen und sozialen Bestrebungen des Ehepartners teilnehmen ließ.

Aus dem Leben bedeutender Persönlichkeiten im Roten Kreuz: Florence Nightingale
in: Werden und Wirken
   Oberinnen-Vereinigung vom Roten Kreuz, Berlin 1930,
   S. 106-134

Biographie von Florence Nighitingale, deren besondere Verbindung von Idealismus mit fachlichem und organisatorischem Können in ihrer Arbeit als Begründerin der modernen Krankenpflege Alice Salomon hervorhebt.

Unvergeßliche Stunden. Betrachtungen im Anschluß an den deutschen Frauenkongreß
Ansprache, gehalten in der Sommerversammlung der Mädchen- und Frauengruppen für soziale Hilfsarbeit 1912
in: Blätter für soziale Arbeit
   4. Jg., Nr. 10. Oktober 1912, S. 71

Alice Salomon nimmt das ereignisreiche Jahr der Frauenbewegung und der sozialen Bewegung zum Anlaß, um über die Bedeutung großer und außergewöhnlicher "Ereignisse im Menschlichen" nachzudenken (Die Frauenbewegung hatte den deutschen Frauenkongreß und die soziale Bewegung die Ausstellung "Die Frau in Haus und Beruf" zu verzeichnen). Anhand ihrer eigenen und der Erfahrung anderer Frauen schildert sie den Einfluß, den das Zusammentreffen mit großen Persönlichkeiten, außergewöhnlichen Situationen und Erkenntnismomenten auf das weitere "geistige, sittliche, seelische und religiöse Leben" eines Menschen ausüben kann.

Nachrufe

Jeanette Schwerin
in: Centralblatt des Bundes deutscher Frauenvereine
   1. Jg., Nr. 10, 15. August 1899, S. 73-77

Nachruf auf die im Juli 1899 verstorbene Jeanette Schwerin. Alice Salomon beschreibt ihren Lebensweg, die Herrausbildung der sozial-ethischen Prinzipien, die ihr späteres Wirken in der sozialen und der Frauenbewegung bestimmten. Jeanette Schwerins Lebenslauf enthält bereits einen großen Teil der Grundsätze, die ausschlaggebend für Alice Salomons Tätigkeit wurden, insbesondere die sittliche Verpflichtung der Frauen des Bürgertums der Gesamtheit gegenüber, die Beschäftigung mit der Arbeiterinnenfrage, den vermittelnden Charakter der sozialen Frauenbewegung zwischen verschiedenen sozialen Bewegungen und Interessen, den Zusammenhang von Frauenbewegung und sozialer Bewegung, die Notwendigkeit, die Armenpflege und Wohltätigkeit aus ihrem dilettantischen und sporadischen Stadium herauszuführen, sie auf die gesetzliche Grundlage sozialer Reform zu stellen und sowohl fachlich als auch ethisch qualifizierte Persönlichkeiten für diese Tätigkeit auszubilden.

Gedächtnisfeier für Jeanette Schwerin
in: Centralblatt des Bundes deutscher Frauenvereine
    Herausgegeben von Marie Stritt
1. Jg., Nr. 15, 1. November 1899, S. 113

Bericht über eine im Oktober 1899 von der Deutschen Gesellschaft für ethische Kultur und dem Bund deutscher Frauenvereine veranstaltete Gedächtnisfeier für Jeanette Schwerin.

Hanna Bieber-Boehm
in: Die Frau
17. Jg., Heft 9, Juni 1910, S. 526-529

Nachruf auf die am 15. April 1910 verstorbene Hanna Bieber-Boehm, die Alice Salomon als eine der Vorkämpferinnen der Frauenbewegung, Mitbegründerin des Bundes deutscher Frauenvereine, Mitglied der Gesellschaft für ethische Kultur und Begründerin und Leiterin des Vereins Jugendschutz würdigt. Insbesondere geht sie auf Hanna Bieber-Boehms Wirken auf dem Gebiet der Sittlichkeitsfrage - Bekämpfung der Prostitution und des Alkoholkonsums - ein.

Elisabeth Altmann-Gottheiner in Memoriam
in: Nachrichten des Internationalen Frauenbundes
9. Jg., Nr. 3, November 1930, S. 2
sowie in: Die Frau
38. Jg., Heft 2, November 1930, S. 103-104

Nachruf auf Elisabeth Altmann-Gottheiner (26.03.1874 - 21.10.1930), deren Tätigkeit auf wissenschaftlichem und sozialem Gebiet, in nationalen und internationalen Organisationen der Frauenbewegung Alice Salomon würdigt.

Hedwig Heyl, Dr. h.c. zum Andenken
in: Nachrichten des Internationalen Frauenbundes
12. Jg., Nr. 6, Februar 1934, S. 52-53
Der Beitrag ist mit Alice Salomon unterzeichnet und wahrscheinlich von Alice Salomon.

Nachruf auf Hedwig Heyl (1850 - 1934) mit kurzem Lebenslauf, insbesondere über ihre Tätigkeit in der deutschen Frauenarbeit und in der öffentlichen sozialen Arbeit als Begründerin des Charlottenburger Jugendheims, der Schule und Hochschule für Hauswirtschaft (Pestalozzi-Fröbelhaus II) und des Berliner Lyzeumklubs.

TEIL III

INSTITUTIONALISIERUNG DER SOZIALARBEIT ALS SOZIALER FRAUENBERUF

Kapitel 1

Soziale Schulen und Wohlfahrtsschulen

Soziale Frauenschule Schöneberg

Zur Eröffnung der sozialen Frauenschule
Ansprache, gehalten bei der Eröffnungsfeier im Pestalozzi-Fröbel-Haus
am 15. Oktober 1908
in: Die Frau
16. Jg., Heft 2 November 1908, S. 103-107

In dieser Ansprache geht es um Zweck und Ziele der sozialen Frauenschule. Sie bestehen darin, Mädchen und Frauen durch eine Ausbildung zur Arbeit zu befähigen. Junge Mädchen sollen auf die Pflichten vorbereitet werden, die sie als Frau in der Familie zu erfüllen haben. Gleichzeitig brauchen sie eine moderne Bildung für ihre Aufgaben im öffentlichen Leben, die sie befähigt, konkrete, praktische Interessen wahrzunehmen. Dies ist das Lernziel der Unterstufe. In der Oberstufe ist dann die berufsmäßige Ausbildung zu sozialer Arbeit vorgesehen, die die Mädchen befähigt, verantwortliche Tätigkeiten in der bezahlten oder ehrenamtlichen sozialen Arbeit auszuüben. Im theoretischen Unterricht sollen sie zunächst einmal zur Arbeit motiviert werden, indem sie in die sozialen Probleme der Zeit eingeführt werden, an deren Lösung sich zu beteiligen ihre Aufgabe ist. Im praktischen Unterricht und in der praktischen Tätigkeit sollen sie lernen, wie das, was sie als Probleme der Gesellschaft erkannt haben, sich als individuelle Notlage äußert und wie individuell geholfen werden kann.

Alice Salomon geht davon aus, daß die soziale Arbeit nicht nur Beruf, sondern auch Berufung ist, die den ganzen Menschen fordert und sich von den meisten anderen Berufstätigkeiten in einer arbeitsteiligen Gesellschaft unterscheidet. Deshalb ist es ein weiteres Ziel der Schule, nicht nur Methoden der Pädagogik und die Technik der sozialen Arbeit zu lehren, sondern auch das für diesen Beruf notwendige soziale Engagement zu fördern.

Weitere Beiträge zur Eröffnug der "Sozialen Frauenschule" mit identischem oder quasi-identischem Inhalt:

Tätigkeit in staatlichen und privaten Einrichtungen der Wohlfahrtspflege anstreben. Ziele und Lehrpläne der Akademie werden gegenüber anderen Bildungseinrichtungen abgegrenzt, zum Beispiel wird gegenüber der wissenschaftlichen Hochschule der starke, sich auf theoretisches Wissen gründende Praxisbezug der Akademie betont. Sie wird in den Zusammenhang anderer berufsqualifizierender Fachhochschulen gestellt. Ferner geht Alice Salomon auf die Notwendigkeit einer speziell Frauen für leitende Tätigkeiten qualifizierenden Ausbildungsstätte ein.

Die deutsche Akademie für soziale und pädagogische Frauenarbeit im Gesamtaufbau des deutschen Bildungswesens
Von Dr. Alice S a l o m o n , Berlin

Aus den Aufgaben der Frauenakademie ergibt sich ihre besondere Zweckbestimmung, ihre besondere Wesensart. Sie hat besondere Unterrichtsziele und -methoden. Ihr eigentümliches Merkmal liegt darin, daß sie nicht, wie die Universitäten, alle Wissenschaften umfaßt, sondern nur einen Ausschnitt: die Wissenschaften, die sich auf den Menschen beziehen, auf sein leiblich-seelisches Schicksal, auf die wirtschaftlich-sozialen und seelisch-kulturellen Lebensgemeinschaften, in denen die Menschen stehen; auf pflegerische, bildnerische Arbeit. Und diese Wissenschaften sollen nicht isoliert nebeneinander behandelt werden, sondern jede einzelne soll in eine neue Betrachtungsweise gestellt auf die Totalität des Menschen bezogen werden. Sie richtet den im strengen Sinne wissenschaftlichen Gesichtspunkt auf die praktischen Aufgaben der sozialen Arbeit aus. Sie versucht, Forschungsanstalt zu werden, ohne die Ausschließlichkeit eines nur wissenschaftlichen Betriebes. Das Lehrziel der Studierenden ist nicht ein besonderes Fach, sondern das Verständnis für die Menschen, für die Einzigartigkeit und Einmaligkeit und Unteilbarkeit jeder besonderen, auf Menschen bezogenen Aufgabe. Also nicht weniger als Wissenschaft, sondern noch etwas anderes neben der Wissenschaft muß getrieben und gelehrt werden. Die Methode darf nicht auf die reine Erkenntnis oder ihre Übermittlung, sie muß auch auf deren Anwendung abzielen. Nicht das gleiche Maß an Kenntnissen, nicht die gleiche Beherrschung der wissenschaftlichen Methoden wie die Universitäten soll sie geben - aber eine wissenschaftliche Gesinnung, eine geistige Beweglichkeit, die Fähigkeit zu selbständigem Urteilen im Hinblick auf weitreichende praktische Aufgaben. Sie soll Hunger nach Wissen und Erkenntnissen erregen, Verständnis für die Bedeutung, die Wissen und Erkenntnis für die Gestaltung des Lebens, für die Bewältigung praktischer Aufgaben haben und die Ehrfurcht vor der Schwierigkeit des Erkennens. "Kritik und Ehrfurcht", sagt Becker, "sind die beiden Komponenten des eigentlich Akademischen". Diese innere Einstellung ist entscheidend für den hochschulartigen Charakter von Bildungsstätten. Die Verschiedenheit ihrer Aufgaben, die Methode, das Bildungsziel ist es nicht.

(Originaltext, Auszug)

Inhaltlich sehr ähnliche, aber kürzere Aufsätze:

Die Akademie für soziale und pädagogische Frauenarbeit
in: Deutsche Mädchenbildung
1. Jg., 1925, Heft 23/24, S. 561 f

Die Fortbildung im sozialen Beruf
in: Blätter für Wohlfahrtspflege
6. Jg., 1926, S. 51-54

Die Hochschule für Soziale Arbeit
in: Soziale Arbeit
27. Jg., Heft 7/8, November 1929, S. 77-79
(Dieser Artikel ist ein direkter Auszug aus dem ersten)

Die deutsche Akademie für soziale und pädagogische Frauenarbeit im Gesamtaufbau der deutschen Berufs- und Hochschulbildung
in: Deutsche Lehrerinnenzeitung
46. Jg., Nr. 15, 20. Mai 1929, S. 177 ff

In diesem Beitrag begründet Alice Salomon, warum eine soziale und sozialpädagogische Akademie "von Frauen für Frauen" geschaffen werden mußte. Ihrer Ansicht nach ist der eigentliche Sinn der Frauenfrage, dazu beizutragen, daß die besonderen weiblichen Kräfte und Eigenschaften im Kulturleben immer stärker zur Geltung kommen, und das bedeutet, daß die Frauen ihre Arbeit selbst formen und ihre eigenen Wertvorstellungen hineintragen müssen. In diesem Sinne beschreibt sie die Besonderheiten der sozialen Frauenakademie und Fachhochschulen. Die Akademie für soziale und pädagogischen Frauenarbeit soll mit ihrer besonderen Verbindung von Theorie und Praxis, von Wissen, Kunst und Technik, von Forschung und Lehre, begründet durch die weiblichen Erfahrungen in der Berufs- und Lebenspraxis, sozial engagierten Frauen produktive, ihnen wesensgemäße Leistungen bieten und ihnen helfen, eine angemessene Stellung im sozialen und kulturellen Leben zu erlangen.

Forschungen der Deutschen Akademie für soziale und pädagogische Frauenarbeit

Der von Alice Salomon 1925 gegründeten Deutschen Akademie für soziale und pädagogischen Frauenarbeit war eine Abteilung für sozialwissenschaftliche Forschung eingegliedert, die sich zum Ziel gesetzt hatte, vom Standpunkt der Frau aus wissenschaftliche Forschung auf den Gebieten zu betreiben, wo Frauen besondere Erfahrungen haben, wo sie hauptsächlich tätig sind und wo sie aufgrund dessen zu besseren wissenschaftlichen Leistungen fähig sind.
Bis zur Auflösung der Deutschen Akademie im Jahre 1933 erschienen im Rahmen dieser Forschungen folgende Veröffentlichungen:

I. Schriftenreihe der Akademie für soziale und pädagogische Frauenarbeit in Berlin.
Herausgegeben von Alice Salomon und Charlotte Dietrich.

Heft 1: Gertrud Bäumer: **Die Frau in der Krisis der Kultur**
Verlag F.A. Herbig, Berlin 1926, 39 S.

Über die besonderen Schwierigkeiten der Frau in der technischen Zivilisation und ihre Möglichkeiten, als Frau die "Gattungsbestimmung" der Menschheit in der modernen Gesellschaft zu erfüllen.

Heft 2: Hilde Lion: **Zur Soziologie der Frauenbewegung**
Die sozialistische und die katholische Frauenbewegung
Verlag F.A. Herbig, Berlin 1926, 176 S.

Sozialistische und katholische Frauenbewegung werden daraufhin untersucht, inwieweit ihre Zugehörigkeit zu einer politischen Bewegung bzw. zu einer Religionsgemeinschaft ihre Emanzipations- und Autonomiebestrebungen beeinflußt.

Heft 3: Adler-Rehm: **Die Gesunderhaltung der Frau im Beruf**
Verlag F.A. Herbig, Berlin 1927, 76 S.

Der Band enthält zwei Beiträge:
Hilde Adler: Die Gesunderhaltung der Frau im Beruf.
Behandelt die gesundheitlichen Gefährdungen im verschiedenen Berufszweigen und ihre Verhütung.
Marie Luise Rehm: Der gegenwärtige Stand der Schutzgesetzgebung für weibliche Arbeitnehmer und die Erfahrungen mit ihrer Durchführung.

Heft 4: Marianne Weber: **Die Ideale der Geschlechtergemeinschaft**
Verlag F.A. Herbig, Berlin 1929, 64 S.

Gegen die Ehekrise und trotz aller modernen Ehekritik wird hier der Versuch unternommen, vom Standpunkt einer undogmatischen, innerweltlichen Sexualethik die Monogamie zu begründen.

II. Forschungen über "Bestand und Erschütterung der Familie in der Gegenwart"
herausgegeben von Alice Salomon

Band 1   Das Familienleben in der Gegenwart
Band 2   Zur Struktur der Familie
Band 3   Die Familienverhältnisse von Kindern in Krippen, Kindergärten, Horten und Tagesheimen
Band 4   Der Jugendliche in der Großstadtfamilie
Band 5   Rhythmus des Familienlebens
Band 6   Die Zusammensetzung des Familieneinkommens
Band 7   Über die häusliche Hilfeleistung von Kindern
Band 8   Heimlosigkeit und Familienleben
Band 9   Heimlose Männer
Band 10 Familienverhältnisse geschiedener und eheverlassener Frauen
Band 11 Erwerbstätige Mütter in vaterlosen Familien
Band 12 Die hauswirtschaftliche und Mutterschaftsleistung der Fabrikarbeiterin
Band 13 Lebensverhältnisse lediger Mütter auf dem Lande
Bericht über die Forschungsabteilung[11]

Schulen übergreifend

Die erste Konferenz der Sozialen Frauenschulen
in: Die Frauenfrage
19. Jg., Nr. 4, 16. Februar 1917, S. 28-29

Bericht über die Konferenz der Sozialen Frauenschulen am 24. Januar 1917 in Berlin. Hier trafen sich die Leiterinnen Sozialer Frauenschulen verschiedener deutscher Städte zu einem Meinungs- und Erfahrungsaustausch über die Ausbildung sozialer Berufsarbeiterinnen: über die Notwendigkeit allgemeiner sozialwissenschaftlicher Ausbildungen als

---

11   siehe alles unter Teil IV/3 Familie - Lebensformen.

Voraussetzung der Berufsarbeit, über die Aufnahmebedingungen an den Sozialen Frauenschulen, über die Zukunftsaussichten der Sozialarbeiterinnen sowohl hinsichtlich des künftigen Bedarfs als auch der zu erwartenden Gehälter ist debattiert worden.

Wohlfahrtsschulen und soziale Frauenschulen
in: Handbuch für das Berufs- und Fachschulwesen.
Im Auftrage des Zentralinstituts für Erziehung und Unterricht in Berlin, herausgegeben von A. Kühne; 2. erweiterte Auflage, Verlag Quelle & Meyer, Leipzig 1929, S. 444-457

Überblick über Begriff und Aufgabe, geschichtliche Entwicklung, Bildungsziel und Lehrpläne der Wohlfahrtsschulen und sozialen Frauenschulen in Deutschland. Außerdem geht Alice Salomon auf die Richtlinien für die Auswahl und Ausbildung der Lehrkräfte, auf die Träger der Schulen und die berufliche Stellung der Wohlfahrtspflegerin ein.

Anlage I enthält eine Aufzählung der in der Konferenz Sozialer Frauenschulen zusammengeschlossenen Ausbildungseinrichtungen, Anlage II die Vorschriften über die staatliche Prüfung von Wohlfahrtspflegerinnen in Preußen vom 22. Oktober 1920 einschließlich späterer Erlasse bis 1927.

Die Wohlfahrtsschule in der sozialen Entwicklung unserer Zeit
Vortrag auf der Lehrplankonferenz Berlin, 4. Oktober 1928
in: Richtlinien für die Lehrpläne der Wohlfahrtsschulen
    Herausgegeben vom Preußischen Ministerium für Volkswohlfahrt, Carl Heymanns Verlag, Berlin 1930, S. 81-90

In diesem Vortrag behandelt Alice Salomon den Wandel, der sich in der Ausbildung der Wohlfahrtspflegerin seit den ersten Abendkursen der Mädchen- und Frauengruppen für soziale Hilfsarbeit vollzogen hat. Der Wandel der Ausbildung hängt eng zusammen mit den veränderten Aufgaben, für die die Sozialarbeiterin ausgebildet werden muß, mit der Veränderung der Institutionen der Wohlfahrtspflege, mit den erweiterten Erkenntnissen und Methoden der Wohlfahrtspflege und mit einem Wandel des Typus der Schülerinnen der Wohlfahrtsschulen. Ausgehend von dieser Entwicklung beschreibt sie die Anforderungen, die an die soziale Ausbildung gestellt werden müssen, um den neuen Verhältnissen gerecht zu werden, wobei es ihr vor allem auf eine Förderung der geistigen Selbständigkeit der Schülerinnen ankommt, die sie in die Lage versetzt, sich den Veränderungen anzupassen.

Kapitel 2

Ausbildung und Fortbildung

Grundsätzliches zur Ausbildung

Über die Ausbildung zur sozialen Arbeit
in: Blätter für Soziale Arbeit
4. Jg., Nr. 8, August 1912, S. 55-59

Dieser Artikel setzt sich mit einem in der Zeitschrift "Frauenbildung" erschienenen Artikel auseinander, in welchem Ausbildungsstätten für freiwillige und bezahlte soziale Arbeiterinnen gefordert wurden, außerdem Seminare für Berufsarbeiterinnen sowie die Einführung einer festen Ausbildungszeit, einer Abschlußprüfung und die stärkere Betonung der praktischen Arbeit. Ebenso sollten sie leitende Kräfte und nicht Helferinnen für die soziale Arbeit ausbilden.

Demgegenüber spricht sich Alice Salomon sowohl gegen die Trennung von freiwilliger und berufsmäßiger sozialer Arbeit aus, als auch gegen feste Ausbildungszeiten und Abschlußprüfungen, die vor allem in sozialen Berufen niemals die Eignung und Leistung der Schülerinnen widerspiegeln können. Sie ist der Ansicht, daß die bereits bestehenden und bewährten Sozialen Frauenschulen eine gute Verbindung von theoretischer und praktischer Arbeit sind, und daß darüber hinaus keine Ausbildungsstätte - gleich welchen Berufs - leitende Kräfte heranbilden kann, sondern daß die Fähigkeit zur Leitung erst durch langjährige Berufserfahrung erwächst.

Soziale Frauenbildung und soziale Berufsarbeit
2. erweiterte und veränderte Auflage von "Soziale Frauenbildung" von 1908
Verlag B. G. Teubner, Leipzig und Berlin 1917, 107 S.[12]

---

12 1. Auflage siehe unter Teil I/1 Mädchen; Auszüge aus der 1. Auflage siehe unter Teil II/1 Sozialarbeit als moralische Verpflichtung und politische Aufgabe, "Von der Caritas zur Sozialpolitik".

Auszug aus dem ersten Kapitel der 2. Auflage unter dem Titel:

Soziale Bildung
in: Akademisch-Soziale Monatsschrift
1. Jg., Heft 7/8, Oktober/November 1917, S. 97-100

Dieser Band behandelt die Entwicklung der sozialen Frauenbildung während des letzten Jahrzehnts im Zusammenhang mit der Entstehung des sozialen Berufs. Soziale Berufsbildung, vor einem Jahrzehnt noch eine Forderung, ist inzwischen in ganz Deutschland verbreitet, so daß Erfahrungen ausgewertet, Ausblicke für die weitere Entwicklung, Reformpläne und eine Vereinheitlichung des Ausbildungssystems diskutiert werden können. Die Bedeutung des sozialen Berufs, die Veränderung, die die öffentliche Arbeit der Frauen während des Weltkriegs erlebt hat, werden erörtert und die Ziele und Methoden der neu entstandenen sozialen Berufsschulen dargestellt. Im Anhang befindet sich ein Verzeichnis der sozialen Schulen, der sozialen Berufe, für die sie ausbilden, und ein Verzeichnis der Stellenvermittlungen für soziale Berufsarbeit.

Ausbildung weiblicher Beamten für die Wohlfahrtpflege
in: Das Zusammenarbeiten der Wohlfahrtsvereine. Die Ausbildung von Wohlfahrtsbeamten
 Erster Band: Verhandlungen der Zentralstelle für Volkswohl-
 fahrt in Berlin am 13. und 14. Juni 1918.
 Schriften der Zentralstelle für Volkswohlfahrt.
 Heft 14 der neuen Folge der Schriften der Zentralstelle für
 Arbeiter- und Wohlfahrtseinrichtungen
 Carl Heymanns Verlag, Berlin 1919, S. 104-123

Das Referat behandelt die charakteristischen Merkmale und die besonderen Anforderungen, die an die Ausbildung der Wohlfahrtspflegerin gestellt werden müssen. Der erste wesentliche Punkt ist, daß hier aus einer bereits bestehenen Praxis von Frauen eine Berufsausbildung für Frauen geschaffen wurde, die ihre besonderen weiblichen Eigenschaften berücksichtigt, deren Ziel es unter anderem ist, Frauen ein gesellschaftliches Tätigkeitsfeld nach ihren Vorstellungen zu erschließen. Diese Vorstellungen sind andere als die des Mannes, der sich auf den organisatorischen und Verwaltungsgebieten behauptet. Dementsprechend muß auch die Ausbildung eine andere sein. Alice

Salomon betont hier besonders die enge Verbindung und gegenseitige Durchdringung von theoretischer und praktischer Ausbildung, wobei die erstere die praktische Tätigkeit in ihren gesellschaftlichen Zusammenhang rückt und die Möglichkeit zur Verarbeitung der praktischen Erfahrung gibt, während die praktische Arbeit wiederum die Impulse in den theoretischen Unterricht hineinträgt. Ferner wendet sich Alice Salomon gegen die Spezialisierung innerhalb der Ausbildung, wie es von einigen der vielen neugegründeten Wohlfahrtsschulen zu dieser Zeit unternommen wurde, da ihrer Ansicht nach jede Spezialisierung ein fundiertes Allgemeinwissen über die Zusammenhänge jeglicher Wohlfahrtstätigkeit erfordert. Entsprechend diesem Konzept der Schule müssen auch die Anforderungen an die Lehrkräfte sein: Sie sollten aus der Praxis kommen und zugleich ein fundiertes theoretisches Wissen mitbringen. Sie sollten in der Lage sein, in den Schülerinnen jene Ideale und Weltanschauungen zu wecken und zu fördern, auf denen die soziale Tätigkeit beruht.

Staatliche Prüfung für Wohlfahrtspflegerinnen
in: Deutsche Medizinische Wochenschrift
46. Jg., Nr. 50, 9. Dezember 1920, S. 1396-1397

In diesem Beitrag verteidigt Alice Salomon den Erlaß des Ministeriums für Volkswohlfahrt vom 22.10.1920, betreffend die "Staatliche Prüfung von Wohlfahrtspflegerinnen", gegen Kritiken, die gegen den Entwurf erhoben wurden, insbesondere von Professor Langstein, im gleichen Jahrgang der Medizinischen Wochenschrift, Heft Nr. 40. Kritisiert wurden vor allem die lange Ausbildungsdauer von zwei Jahren und die ungenügende Spezialisierung. Alice Salomon ist dagegen der Ansicht, daß gerade diese Bestimmungen den Anforderungen der Praxis Rechnung tragen, daß eine zu weitgehende Spezialisierung den eigentlichen Zielen der Wohlfahrtspflege widerspricht und daß eine gründliche theoretische und praktische Ausbildung die Grundlage für sinnvolle Arbeit ist und nur so das Niveau des Berufs gehalten werden kann.

Der gleiche Aufsatz ist auch abgedruckt
in: Die Frauenfrage
22. Jg., Nr. 23, 1. Dezember 1920, S. 177-180
sowie in: Volkswohlfahrt
1. Februar 1921, S. 64-66

Die Ausbildung zum sozialen Beruf
Carl Heymanns Verlag, Berlin 1927, 314 S.

Nach inzwischen fast dreißig Jahren sozialer Berufsarbeit wird im geschichtlichen Teil dieses Buches ein Rückblick auf die bisherige Entwicklung der sozialen Schulen und der sozialen Berufsarbeit in Deutschland gegeben. Behandelt werden die Umgestaltung der Wohlfahrtspflege von Armenpflege und Wohltätigkeit hin zu öffentlicher und privater Fürsorge, von der Befassung mit hauptsächlich materiellen Problemen hin zur Beschäftigung mit gesundheitlichen und sittlichen Problemen. Die Großstadtentwicklung, die industrielle Entwicklung, neue wissenschaftliche Erkenntnisse zur Erkennung und Behandlung sozialer Mißstände sowie die Tatsache, daß der Staat in wachsendem Maße zum Träger der Wohlfahrtspflege geworden ist, bringen neue Anforderungen an die sozialen Berufsarbeiter und deren Ausbildung mit sich. Die neu entstandenen Aufgabengebiete, die veränderte gesellschaftliche Situation müssen in die soziale Ausbildung integriert werden. Neue Erkenntnisse, auch aus dem Ausland, müssen herangezogen werden, um Erstarrungstendenzen, die die Verstaatlichung und Systematisierung der sozialen Berufsarbeit mit sich bringt, entgegenzuwirken. Alice Salomon geht es vor allem darum, trotz aller Vereinheitlichung und institutionellen Festlegung den universalen und charismatischen Charakter der sozialen Berufsausbildung und Berufsarbeit zu erhalten. Im zweiten Teil der Schrift werden Ziele, Methoden und Lehrpläne für die theoretische und praktische soziale Berufsausbildung behandelt. Ein besonderes Kapitel ist der Ausbildung der männlichen Sozialarbeiter gewidmet. Soziale Arbeit ist nicht mehr nur ein Frauenberuf, es ist auch ein Beruf für den Mann auf sozialem Gebiet entstanden. Daraus haben sich immer deutlicher Spannungen ergeben, einmal zwischen der männlichen und der weiblichen Auffassung von sozialer Arbeit, zum anderen aus der Tatsache, daß die Männer vor allem in den Frauen vorgesetzten Verwaltungspositionen eingesetzt werden. Ferner hat sich das soziale Arbeits- und Bildungsgebiet auch auf andere Berufe erweitert. In der Ausbildung von Ärzten, Lehrern, Geistlichen und Verwaltungsbeamten findet zunehmend der soziale Aspekt Berücksichtigung. Ein Kapitel behandelt deshalb die soziale Schulung außerhalb der sozialen Berufsausbildung. Außerdem werden Vorschläge für die Fortbildung der ausgebildeten Sozialarbeiter und für die Einführung ehrenamtlicher Mitarbeiter ausgearbeitet.
Der dritte Teil des Buches bietet eine Übersicht über Ausbildung und Methoden der sozialen Schulen des Auslands.

Auszug dieses Buches unter der Überschrift:

Die Gewinnung und Verwendung der Lehrkräfte in Wohlfahrtsschulen
in: Deutsche Zeitschrift für Wohlfahrtspflege
3. Jg., Nr.5, August 1927, S. 231-235

Die Ausbildung leitender Kräfte für die soziale Arbeit
Vortrag auf der Tagung des Internationalen Komitees Sozialer Schulen, 15. und 16. Juli 1932 in Frankfurt a. M.
in: Zweite Internationale Konferenz für soziale Arbeit
Frankfurt am Main, 10. - 14. Juli 1932
Verlag G. Braun, Karlsruhe 1933, S. 799-804

In diesem Vortrag entwickelt Alice Salomon ihre Vorstellungen, wie leitende Kräfte für die soziale Arbeit ausgebildet werden sollen, so daß sie statt der Juristen und Verwaltungsfachleute, die bisher die leitenden Positionen in den öffentlichen sozialen Institutionen einnahmen, eingesetzt werden können. Von drei verschiedenen Möglichkeiten - gesonderte Ausbildung für die mittlere und höhere Laufbahn im sozialen Dienst, akademische Ausbildung für alle Sozialarbeiter und Fachschulausbildung mit anschließender Fortbildung - empfiehlt sie für deutsche Verhältnisse die letztere Möglichkeit, da sie hier die Verbindung praktischer, theoretischer und organisatorischer Qualifikation am besten gewährleistet sieht.

Die wissenschaftlichen Grundlagen der sozialen Arbeit
in: Die Frau
40. Jg., Heft 4, Januar 1933, S. 222-227

Besprechung des Buches von Maurice J. Karpf: The Scientific Basis of Social Work (New York 1931), in welchem der Versuch unternommen wird, die soziale Arbeit als eine exakte Wissenschaft zu begründen. Karpf untersucht zunächst andere Wissenschaftsdisziplinen auf ihre Brauchbarkeit als Unterrichtsfach in Sozialarbeiterschulen, wobei er bestimmte Bereiche der Sozialökonomie, Politik, Geschichte, Philosophie und Sozialpsychologie als grundlegendes theoretisches Wissen für den Sozialarbeiter betrachtet, während er Biologie und die aus der Naturwissenschaft entwachsene Psychologie wegen ihres Determinismus für ungeeignet hält. Dennoch will er auch in der Wissenschaft von der sozialen Arbeit exakte naturwissenschaftliche Methoden einführen, die den Sozialarbeiter in die Lage versetzen, menschliches Verhalten nach genau festgelegten Normen und Maßstäben zu beurteilen und entsprechend zu beeinflussen. Ferner soll ein allgemeinverbindliches Vokabular für die Darstellung der jeweiligen sozialen Situationen die Arbeit objektivieren, sie von der Intuition und den persönlichen Urteilen des Sozialarbeiters abheben und sie zu einem allein auf Kenntnissen beruhenden Beruf machen. Für Alice Salomon und ihr Verständnis vom Menschen und von sozialer Arbeit sind diese Methoden unannehmbar, da sowohl die irrationale und unlogische Komponente des menschlichen Lebens als auch die Intuition und persönliche Begabung des Sozialarbeiters ihrer Ansicht nach unerläßliche Voraussetzungen der sozialen Arbeit sind.

Die Anfänge der sozialen Arbeit
in: Die Frau
40. Jg., Heft 12, September 1933, S. 723-725

Rückblickend auf vierzig Jahre sozialer Arbeit gibt Alice Salomon eine Definition des Begriffs "soziale Arbeit", der Ziele, Motive und Inhalte, die er umschließt, im Gegensatz zur vorhergehenden Armenpflege und Wohltätigkeit.

Lehrbücher

Soziale Diagnose
3. Band der Schriftenreihe: Die Wohlfahrtspflege in Einzeldarstellungen,
herausgegeben von Ernst Behrend, Oskar Karstedt, S. Wronsky
Carl Heymanns Verlag, Berlin, 1. Auflage 1926, 67 S.

Diese Schrift ist als Lehrbuch, als eine Einführung in die Methoden der Fürsorge gedacht. Angeregt wurde es durch den Besuch Alice Salomons in amerikanischen Wohlfahrtsschulen und durch die Lektüre zweier amerikanischer Lehrbücher der Wohlfahrtspflege: Mary E. Richmond, **Social Diagnosis** und Karl D. Schweinitz, **The Art of Helping People out of Trouble**. Grundlage ist vor allem das Buch von Mary E. Richmond, deren Gedanken Alice Salomon teils wiedergibt, teils für deutsche Verhältnisse modifiziert.
Der erste Teil behandelt die Methoden der Feststellung, der Ermittlung und der "Diagnose" der individuellen Notlage. Ähnlich wie der Arzt darf der Sozialarbeiter nicht bei der Ermittlung einzelner Tatbestände

stehenbleiben; eine gute Diagnose besteht vielmehr darin, alle Seiten des menschlichen Lebens - Anlage, Entwicklung, Milieu und Schicksal - zu erfassen, sie zu einem Gesamtbild zu vereinigen, welches den Ausgangspunkt für die "Therapie", die Hilfeleistung bildet. Eine gute Diagnose besteht demgemäß aus drei Schritten: erstens in der Beschaffung des Materials, der Tatsachen aus dem Leben des Bedürftigen und seiner Familie; zweitens in der Analyse des Materials, die vor allem wissenschaftliche Kriterien und Methoden - zum Beispiel Prüfung der Kompetenz, Objektivität, induktive und deduktive Methoden der Schlußfolgerung - erfordert. Der dritte Schritt ist dann die Herstellung des Gesamtbildes, wofür es nach Alice Salomons Ansicht keine Technik gibt, die vielmehr von der persönlichen Begabung des Sozialarbeiters abhängt. In der folgenden ausführlichen Darstellung der Ermittlungstechnik werden demzufolge nur die ersten beiden Schritte behandelt.

Der zweite Teil des Buches - "Zur Theorie des Helfens" - geht aus von Alice Salomons These, daß das Leben eine Kunst ist, die jeder Mensch erst lernen muß. Die Kunst zu leben besteht in der Auseinandersetzung mit der Welt und letztlich in der Fähigkeit zur Anpassung, zur Herstellung einer Harmonie mit Umwelt, Lebensbedingungen, Mitmenschen und Schicksal. Ausgehend von dieser These behandelt sie Kunst und Funktion des Helfens. Es geht einerseits darum, wie man die sachlichen Hilfsmittel zur Verbesserung der Lebensumstände bereitstellt (Anpassung der Lebensumstände an den Menschen, materielle Hilfen und soziale Reformen). Wichtiger und zugleich schwieriger aber ist die Aufgabe, wie man dem Menschen hilft, sich seiner Umgebung anzupassen, und zwar nach dem Prinzip der "Hilfe zur Selbsthilfe" (Persönlichkeitsentwicklung durch bewußte Anpassung des Menschen an seine Umwelt). Hier geht es Alice Salomon um die wichtige, die Persönlichkeit des Sozialbeamten fordernde Aufgabe des Führers und Pädagogen.

Eine im wesentlichen gleiche Fassung des Einleitungskapitels unter dem Titel:
Betrachtungen zur Entwicklung der sozialen Fürsorge
in: Deutsche Zeitschrift für Wohlfahrtspflege
   1. Jg., Nr. 1, April 1925, S. 3-6

Zusammenfassung des ersten Teils unter dem Titel
Soziale Diagnose - ein Versuch zu einer Analyse der Ermittlung
in: Deutsche Zeitschrift für Wohlfahrtspflege
   1. Jg., Nr. 3, Juni 1925, S. 114-120

Auszug aus dem zweiten Teil unter dem Titel:
Zur Technik der Ermittlung
in: Deutsche Zeitschrift für Wohlfahrtspflege
1. Jg., Nr. 7, Oktober 1925, S. 315-319

Auszug aus dem entsprechenden Kapitel des Buches "Soziale Diagnose" von 1926 unter dem Titel:
Zur Theorie des Helfens
in: Blätter des Deutschen Roten Kreuzes
5. Jg., Heft 2, Februar 1926, S. 4-13

Soziale Therapie
Ausgewählte Akten aus der Fürsorgearbeit. Für Unterrichtszwecke zusammengestellt und bearbeitet von S. Wronsky und Alice Salomon unter Mitwirkung von Eberhard Giese
  Carl Heymanns Verlag, Berlin 1926, 129 S.

Das Material für dieses Lehrbuch für Wohlfahrtsschulen bilden Akten aus der Familienfürsorge, der Trinkerfürsorge, der Gesundheitsfürsorge und Jugendwohlfahrt Berlins und eines ländlichen Kreises. Es wurden solche "Fälle" ausgewählt, in denen Familien über einen längeren Zeitraum von einer Fürsorgestelle betreut wurden, so daß sie Schülerinnen und Lehrern im Unterricht als Fallstudien dienen können, an denen sie die Ursachen der Notlage und die Erfolge und Mißerfolge der jeweils unternommenen Hilfsmaßnahmen studieren können. Den vollständigen Akten folgen jeweils eine Zusammenfassung und Fragen, die den Schülerinnen Anlaß zum Nachdenken darüber geben sollen, ob die Hilfsmaßnahmen zureichend waren oder ob man andere und bessere Möglichkeiten hätte finden können.

Leitfaden der Wohlfahrtspflege
unter Mitwirkung von S. Wronsky
Verlag B.G. Teubner, Leipzig und Berlin
  1. Auflage 1921, 127 S.;
  2. Auflage 1923, 178 S.;
  3. Auflage unter Mitwirkung von Bruno Harms, Margarete Berent, S. Wronsky, Sofie Götze, 1928, 196 S.

Dieser Leitfaden ist als Lehrbuch für den Unterricht in Berufskunde an Wohlfahrtsschulen gedacht. Er ist in drei Teile gegliedert: im ersten Teil, der Wesen und Geschichte der Wohlfahrtspflege behandelt, kommt Alice Salomons Einstellung zu dieser Arbeit zum Ausdruck, die nicht in erster Linie eine Frage von Formen und Methoden ist, sondern eine Frage der inneren Einstellung und einer Weltanschauung.

Es werden Voraussetzungen, Motivationen und Ziele staatlicher und religiös-weltanschaulicher Wohlfahrtspflege behandelt. In einem weiteren Kapitel geht es um die geschichtliche Entwicklung der Formen, Beweggründe und Institutionen, die sich im Altertum, Mittelalter, zu Beginn der Neuzeit und im 19. Jahrhundert eine besondere Fürsorge für die Schwachen und Ausgestoßenen der Gesellschaft zum Ziel gesetzt hatten.

Der zweite Teil behandelt die Wohlfahrtspflege der Gegenwart. Die einzelnen Bereiche der allgemeinen Wohlfahrtspflege, Gesundheitsfürsorge, Jugendwohlfahrt, Volksbildung, beruflichen Fürsorge wie Arbeitsschutz und Sozialversicherung werden beschrieben, und zwar jeweils unter den Gesichtspunkten der sozialen und ökonomischen Ursachen, die eine Fürsorge notwendig machen, der gesetzlichen Grundlagen, auf denen die Hilfe möglich ist und durchgeführt werden kann, der Träger und des Organisationssystems der Fürsorge, der Sozialgesetzgebung.

Im dritten Teil geht es um die Methoden der Fürsorge, die unterschiedlichen Formen der Hilfeleistung in der geschlossenen, halbgeschlossenen und offenen Fürsorge, deren Aufgaben und Institutionen beschrieben werden. Es folgt eine Beschreibung des Berufsbildes des Sozialarbeiters, der Anforderungen, die an verschiedene Tätigkeiten gestellt werden, die Ausbildungsmöglichkeiten, der Unterschiede von Männer- und Frauenarbeit im sozialen Bereich, des Bedarfs an Sozialarbeitern, der besonderen Bedeutung der ehrenamtlichen Arbeit.

Im Anhang befindet sich eine Literaturliste zu den in den einzelnen Kapiteln behandelten Themenbereichen, ferner die "Vorschriften über die staatliche Prüfung von Wohlfahrtspflegerinnen" vom 22. Oktober 1920. Der Leitfaden wurde später durch Nachträge ergänzt, in welchen die Veränderungen der gesetzlichen Bestimmungen der Wohlfahrtspflege aufgeführt sind.

Die dritte Auflage von 1928 behält den Gesamtaufbau der beiden vorangegangenen im wesentlichen bei. Allerdings wurde der Unterrichtsstoff der einzelnen Kapitel völlig neu bearbeitet, der veränderten gesellschaftlichen Situation, den neuen gesetzlichen Grundlagen und den aktuellen Erkenntnissen hinsichtlich Methoden und wissenschaftlichen Grundlagen der Wohlfahrtspflege angepaßt.

Öffentliche und private Wohlfahrtspflege
in: Gesundheitswesen und Wohlfahrtspflege im Deutschen Reiche. Ein Ratgeber für Ärzte, Sozialhygieniker, Kommunal- und Versicherungsbehörden, Krankenkassen, Wohlfahrtsämter, Gewerkschaften und die öffentlichen und privaten Fürsorgeorgane.
Herausgegeben von Prof. Dr. med. Bernh. Möllers
Verlag Urban & Schwarzenberg, Berlin/Wien 1923, S. 644-687
2. Auflage 1930, S. 576-614

Der Beitrag bietet einen Überblick über gesetzliche Grundlagen, Institutionen, Aufgaben und Ziele der öffentlichen und privaten Wohlfahrtspflege. Der Abschnitt über öffentliche Fürsorge behandelt getrennt allgemeine Fürsorge (Armenpflege, Erwerbslosenfürsorge, Flüchtlingsfürsorge, Reichshilfe für Kleinrentner, Wohlfahrtsämter); Jugendfürsorge (für Waisen und uneheliche Kinder, gefährdete und verwahrloste Kinder, Jugendpflege, Reichsjugendwohlfahrtsgesetz); auf das Berufsleben bezogene Fürsorge (Arbeitsfürsorge, Arbeitsnachweis, Reichsamt für Arbeitsvermittlung, Berufsberatung).
Im zweiten Abschnitt werden Aufgaben, Ziele und Träger der privaten Wohlfahrtspflege (freie Zentralorganisationen, konfessionelle Verbände, Fachverbände) behandelt.
Ein dritter Abschnitt befaßt sich mit dem Beruf des Wohlfahrtspflegers bzw. der Wohlfahrtspflegerin (Aufgabengebiete ehrenamtlicher und beruflicher Tätigkeit, Ausbildung, Prüfungsordnung).

Zweite Auflage unter dem Titel:

Öffentliche und freie Wohlfahrtspflege
2. neu bearbeitete und ergänzte Auflage 1930
Verlag Urban & Schwarzenberg, Berlin und Wien

Der Einfluß des Fürsorgers auf den "Klienten"
in: Freie Wohlfahrtspflege
1. Jg., Heft 3, Juni 1926, S. 105-109

Erschien in leicht abgewandelter Form noch einmal unter dem Titel:

Erziehliche Einwirkung in sozialer Arbeit
in: Soziale Arbeit (Wien)
28. Jg., Heft 1-3, Januar 1930

Der Aufsatz behandelt die "Machtfrage" in der Fürsorgearbeit. Dabei ist es für Alice Salomon keine Frage, ob der Fürsorger Macht und Einfluß ausüben soll. Er muß es wollen, wenn seine Arbeit zum Erfolg führen soll, wenn er den "Klienten" zu einem selbständigen Leben aus eigener Kraft führen und erziehen will. Die Frage ist vielmehr, welche Mittel der Fürsorger anwenden soll und darf, um Einfluß auszuüben. Alice Salomon lehnt äußeren Druck ab, sowohl aus moralischen Gründen als auch wegen der pädagogischen Wertlosigkeit zwangsweise veranlaßter Handlungen. Vielmehr ist sie der Ansicht, daß die Hilfe, die der Fürsorger bringen kann, in seiner Persönlichkeit begründet ist, daß er die Kraft, die er aufgrund seiner Weltanschauung und seiner Lebensweise besitzt, an den Hilfebedürftigen weitergeben und ihn so zu einer Änderung seines Verhaltens und seiner Einstellung veranlassen kann.

Einführung in die Volkswirtschaftslehre (1)
Ein Lehrbuch für Frauenschulen
Verlag B. G. Teubner. Leipzig/Berlin, [1]1909, 115 S.; [2]1920; [6]1923; [7]1926; [8]1928

Diese Aufbereitung der Probleme der Nationalökonomie für den Unterricht an Frauenschulen stellt vor allem die praktischen Probleme in den Vordergrund. Alice Salomon kam es darauf an, die Gebiete auszuwählen, durch die die Schülerinnen die sozialen Probleme, mit denen sie während ihrer Arbeit konfrontiert werden, im Zusammenhang mit den Problemen der Volkswirtschaft verstehen lernen. Neben einer Einführung in die Grundbegriffe der Volkswirtschaftslehre, in die Wirtschaftsgeschichte und der gesonderten Behandlung der Sektoren Landwirtschaft, Industrie, Handel und Verkehr enthält das Lehrbuch auch Kapitel über die Arbeiterfrage, Arbeiterbewegung und Arbeitsschutzgesetze sowie über die Frauenfrage als wirtschaftliches Problem.

Die 7. Auflage des Lehrbuchs von 1926 wurde erheblich umgestaltet. Die Veränderungen, die Krieg, Revolution und Inflation mit sich gebracht hatten, wurden mit aufgenommen. Kapitalistische und sozialistische Wirtschaftstheorie werden ausführlicher behandelt, die neuen Bestimmungen der Verfassung (Sozialisierung, Betriebsräte) und das Arbeitsrecht berücksichtigt. Die Kapitel über Handel, Geld und Banken wurden umgestaltet und ein Abschnitt über die wirtschaftlichen Folgen des Versailler Vertrages aufgenommen. Besonders berücksichtigt wurden außerdem die Bevölkerungs- und die Wohnungsfrage.

Einführung in die Volkswirtschaftslehre (2)
Nebst: Margarete Treuge: Einführung in die Bürgerkunde. Ein Leitfaden für Frauenschulen.
Verlag B. G. Teubner, Leipzig und Berlin
Gemeinsame Herausgabe der beiden Lehrbücher für Frauenschulen mit den jeweiligen Neuauflagen in einem Band.

Die deutsche Volksgemeinschaft
Wirtschaft, Staat, soziales Leben. Eine Enführung.
Verlag B. G. Teubner, Berlin, ^{1}1922; ^{2}1926; ^{3}1931; 215 S.

Lehrbuch für den Unterricht in Staatsbürgerkunde an höheren Schulen, Fachschulen und Volkshochschulen. Das Buch ist eine gekürzte Zusammenfassung der beiden Einführungen in die Volkswirtschaftslehre und Bürgerkunde von Alice Salomon und Margarete Treuge, die ergänzt wird durch die Darstellung der sozialen Frage und der Frage der Volkswohlfahrt, so daß alle Bereiche in ihrem Zusammenhang gesehen werden können.

Lehrpläne

Die Ausbildung zur sozialen Berufsarbeit
in: Die Frau
24. Jg., Heft 5, Februar 1917, S. 263-276
auch erschienen als Sonderdruck

In diesem Beitrag geht es um die Prinzipien der Ausbildung zur sozialen Berufsarbeit, die Alice Salomon, den in wachsendem Maße neu gegründeten Wohlfahrtsschulen als Richtlinien an die Hand geben möchte. Es handelt sich nicht um normierte Lehrpläne, da ihrer Ansicht nach eine staatliche Regelung in diesem Stadium schöpferische Initiativen behindern würde, sondern um allgemeine Grundsätze, wie das Ziel, nämlich theoretisch, praktisch und persönlich qualifizierte Sozialarbeiterinnen heranzubilden, erreicht werden kann. Unter diesem Gesichtspunkt behandelt sie das Verhältnis von Theorie und Praxis im Unterricht; die Notwendigkeit der Förderung einer Weltanschauung und eines Lebensziels, worauf sich die soziale Berufsarbeit gründen kann, damit sie nicht zur sozialen Geschäftigkeit verkommt; das Verhältnis von allgemeiner und Spezialausbildung in den verschiedenen Bereichen der Wohlfahrtspflege; die Anforderungen an die Lehrkräfte und die Frage der Ausbildung von leitenden Kräften im sozialen Bereich.

Die Vereinheitlichung des Lehrstoffs
in: Grundsätzliche Fragen zur Ausgestaltung der staatlich anerkannten Wohlfahrtsschulen. Eine Sammlung von Vorträgen
Herausgegeben vom Preußischen Ministerium für Volkswohlfahrt
Kranzverlag des Christlichen Zeitschriftenvereins, Berlin 1926,
S. 34-49

Der Vortrag wurde im Oktober 1924 auf einer Konferenz der preußischen - staatlich anerkannten - Wohlfahrtsschulen gehalten, die auf Veranlassung des Ministeriums für Volkswohlfahrt einberufen wurde, um grundsätzliche Fragen für zukünftige Lehrplanrichtlinien zu besprechen. Alice Salomon macht in ihrem Beitrag Vorschläge, wie der Unterricht an den Wohlfahrtsschulen so gestaltet werden kann, daß die Absolventen in fachlicher wie in persönlicher Hinsicht für ihren Beruf qualifiziert sind. Dazu gehören in erster Linie eine fruchtbare Verbindung von theoretischem und praktischem Unterricht, die Auswahl geeigneten Lehrmaterials aus der Praxis, geeignete Lehrkräfte mit praktischer Erfahrung und theoretischem Überblick über gesellschaftliche Zusammenhänge, eine Schulatmosphäre, die zu gemeinsamem Handeln von Lehrenden und Lernenden führt sowie die Einführung eines Faches Berufskunde, das die zukünftige Berufspraxis in ihren sozialen Zusammenhang stellt und ein Berufsethos ausbildet.

Fortbildung und Sonderlehrgänge

Soziale Berufsausbildung für Arbeiterinnen
in: Soziale Praxis
29. Jg., Nr. 15, 7. Januar 1920, Sp. 358-60

Vorankündigung eines halbjährigen Sonderlehrgangs an der Sozialen Frauenschule Berlin, in welchem begabten Arbeiterinnen mit Volksschulbildung und Berufspraxis die Möglichkeit geboten werden soll, sich für den sozialen Beruf zu qualifizieren. Alice Salomon diskutiert die Vor- und Nachteile der Zulassung von Arbeiterinnen zum sozialen Beruf. Die Vorteile liegen darin, daß die Arbeiterinnen leichteren Zugang zu den Familien ihrer Klasse finden können und besseres Verständnis für deren Probleme haben als bürgerliche Frauen. Andererseits würde jedoch die Bedeutung der sozialen Arbeit als Kulturarbeit in Frage gestellt, da eben nur Frauen mit einer gehobenen Bildung das

Kulturniveau der Arbeiterklasse heben können. Um aber die Ansprüche der Revolution einzulösen und den Arbeiterinnen möglichst schnell gleiche Chancen zum beruflichen Aufstieg zu bieten, haben sich Frauenschulen in Zusammenarbeit mit Regierung und Gewerkschaften zu dieser Übergangslösung entschlossen, bis auch Arbeiterinnen eine höhere Schulbildung erhalten können.

Derselbe Artikel steht noch unter folgenden Überschriften in folgenden Zeitungen:

Schulung von Arbeiterinnen für Berufsarbeit in der Wohlfahrtspflege
in: Concordia
27. Jg., Nr. 3, 1. Februar 1920, S. 31-32

Ein Versuch zum Aufstieg der Begabten
in: Die Frauenfrage
22. Jg., Nr. 1, 1. Januar 1920, S. 2-4

Die Ergebnisse der Sonderlehrgänge für Arbeiterinnen zur Ausbildung in der Wohlfahrtspflege
in: Soziale Praxis
24. Jg., Nr. 51, 22. September 1920, Sp. 1216-1220

Alice Salomon schildert hier die Erfahrungen in den Sonderlehrgängen und kommt zu dem Ergebnis, daß sie im großen und ganzen den Hoffnungen entsprechen, die in diese Veranstaltung gesetzt wurden (siehe vorhergehenden Beitrag). Sie führt dies zurück auf die Auswahlkriterien, die für die Aufnahme der Schülerinnen bestimmend waren, nämlich Begabung und Eignung. Ferner behandelt sie die unterschiedliche Begabung der Arbeiter-Schülerinnen im Gegensatz zu bürgerlichen Schülerinnen der sozialen Frauenschule. Ihre mangelnde Übung im schriftlichen Ausdruck und in der Theorie wird durch größere praktische Lebenserfahrung und Reife ausgeglichen. Dennoch ist Alice Salomon der Ansicht, daß diese Sonderlehrgänge nicht zu einer Daueeinrichtung werden dürfen, sondern die Arbeiterinnen im Laufe der Zeit in den normalen Bildungsgang eingegliedert werden sollen.

Lehrgänge in der Wohlfahrtspflege
in: Soziale Praxis
30. Jg., Nr. 4, 26. Januar 1921, Sp. 92-93

Bericht über die Erfahrungen mit Wohlfahrtspflege-Lehrgängen, die im Oktober 1920 in Berlin vom Roten Kreuz in Zusammenarbeit mit Frauenvereinen für soziale Arbeit, der Zentrale für private Fürsorge, des Berliner Ausschusses für Jugendwohlfahrt und des Hauptausschusses für Arbeiterwohlfahrt eingerichtet worden waren, um die ehrenamtlich tätigen Kräfte in der Wohlfahrtspflege sowie kommunale Beamte aus den entsprechenden Bereichen aus- und fortzubilden. Im Gegensatz zu den Wohlfahrtsschulen, deren Ausbildung sich zunehmend auf eine Berufsarbeit in der Wohlfahrtspflege richtete, sollten die Lehrgänge eine Nachschulung für die oben genannten Personengruppen, die bereits in irgendeiner Weise in der Wohlfahrtspflege tätig waren, sein. Sie fanden in über drei Trimester verteilten Abendkursen statt.

Die Fortbildung der Sozialbeamtinnen
in: Soziale Praxis
34. Jg., Nr. 39, 24. September 1925, Sp. 867-870

Der Beitrag behandelt die Fortbildung für zwei verschiedene Gruppen von Sozialbeamtinnen: einmal die normale Fortbildung, die im Laufe der Berufsjahre notwendig wird, wenn neue, das Gebiet der Sozialarbeit betreffende, gesetzliche Bestimmungen und wissenschaftliche Erkenntnisse aufgearbeitet werden müssen. Diese Fortbildung ist notwendig geworden, weil das durchschnittliche Bildungsniveau der Sozialarbeiterinnen gesunken ist und sie nicht mehr in der Lage und auch weniger interessiert sind, sich Kenntnisse eigenständig anzueignen. Ferner macht ihre zunehmende Eingliederung in die öffentliche Verwaltung eine umfassendere Gesetzeskenntnis notwendig, die ständig aufgefrischt werden muß. Diese Fortbildung kann in Abendlehrgängen stattfinden, wobei die Berufsarbeit nicht unterbrochen zu werden braucht.
Eine andere Fortbildung müssen diejenigen Sozialarbeiterinnen und im sozialpädagogischen Bereich tätigen Frauen erhalten, deren Interesse, Begabung und Leistung über dem Durchschnitt liegen und die zu einem tieferen Verständnis der Probleme ihres Arbeitsgebiets gelangen wollen. Für diese Frauen wurde die Deutsche Akademie für soziale und pädagogische Frauenarbeit gegründet, deren Aufgaben und Ziele als Forschungs- und Bildungszentrum der sozialen Frauenbewegung Alice Salomon im folgenden beschreibt.

Kapitel 3

Mädchen- und Frauengruppen für soziale Hilfsarbeit

Mädchen und Frauengruppen für soziale Hilfsarbeit
in: Baltische Frauenzeitschrift
1. Jg., Dezemberheft 1906, S. 159-164

Darstellung von Entstehung und Entwicklung der Mädchen- und Frauengruppen für soziale Hilfsarbeit in Berlin, insbesondere ihres Bemühens, sich durch eine gute theoretische und praktische Ausbildung bei den Wohlfahrtseinrichtungen Anerkennung zu verschaffen, die soziale Hilfsarbeit in den Frauen als eine ernstzunehmende Pflicht zu verankern und so dem Gemeinwesen neue, tatkräftige und verantwortliche Bürgerinnen zu verschaffen.

Ähnliche Aufsätze erschienen unter dem Titel:

Ausbildung zur sozialen Hilfsarbeit
in: Centralblatt des Bundes deutscher Frauenvereine
6. Jg., Nr. 21, 1. Februar 1905, S. 161-162

Was die "Mädchen- und Frauengruppen für soziale Hilfsarbeit" für ihre Mitglieder bedeuten
(Ansprache zum 10-jährigen Bestehen der Gruppen)
in: Neue Bahnen
34. Jg., Nr.1, 1. Januar 1904, S. 2 ff

In dieser Ansprache behandelt Alice Salomon rückblickend den Einfluß, den die Mädchen- und Frauengruppen seit ihrer Gründung auf die Mädchen hatten, die dort mitarbeiteten. Das ausschlaggebende Motiv für die Mitarbeit lag für die meisten darin, daß sie der Enge des häuslichen Daseins entfliehen und ihrem Leben einen Sinn geben konnten. Die praktische Arbeit und die Konfrontation mit der Not halfen über schwierige Phasen der Verzweiflung hinweg.
Wichtig findet Alice Salomon auch, daß die praktischen Erfahrungen durch theoretische Anleitung untermauert werden. So führt die Arbeit der Gruppen insgesamt zur Erweiterung des geistigen und sozialen Horizonts.

Ein ähnlicher Aufsatz zum 10-jährigen Bestehen
in: Frauendienst
   3. Jg., Nr. 1, Januar 1904, S. 22 ff

Zusätzlich zu dem Obengesagten geht Alice Salomon hier noch auf die öffentliche Meinung ein. Sie stellt die Pressemeinungen aus dem Jahre 1893 den Leistungen der Gruppe gegenüber. Damals meinten die Zeitungen, eine Beteiligung von Frauen an sozialen Aufgaben sei unmöglich und sinnlos.

Die Mädchen und Frauengruppen für soziale Hilfsarbeit
in: Die Jugendfürsorge
   6. Jg., Heft 1, Januar 1905, S. 14-20

Schilderung der bisherigen Tätigkeit und Erfahrungen der Mädchen- und Frauengruppen für soziale Hilfsarbeit elf Jahre nach ihrer Gründung. Alice Salomon behandelt die Motivation ihrer Entstehung, wobei sich die Bestrebungen der Sozialreformer und der Frauenbewegung vereinigt haben. Ferner geht sie auf Organisation und Probleme der theoretischen und praktischen Ausbildung der Helferinnen ein, die, wenn sie über die dilettantische und planlose Armenpflege hinauskommen wollen, sich Kenntnisse sozialer Zusammenhänge aneignen und eine Art Lehrzeit in den sozialen Einrichtungen absolvieren müssen. Diese Ausbildung hat sich bewährt, so daß nach anfänglichem Mißtrauen die Mitarbeit der Frauen in der öffentlichen Armenpflege als unentbehrlich anerkannt worden ist. Dazu hat auch beigetragen, daß sich den Mädchen- und Frauengruppen in erster Linie Mitarbeiterinnen anschließen, die in der Arbeit einen Lebensinhalt und eine verantwortungsvolle gesellschaftliche Tätigkeit suchen.

Jugendgruppen und Gruppen für soziale Hilfsarbeit
Ihre Entwicklung und ihre Arbeitsmethoden. Berichte, erstattet in einer Konferenz in Gotha am 5. 10. 1912.
   Zusammengestellt von Dr. phil. Alice Salomon.
   G. Braunsche Hofdruckerei und Verlag, Karlsruhe 1912, 41 S.
   (Schriften des Verbandes der Jugendgruppen und Gruppen für
   soziale Hilfsarbeit, Heft 1)

Einführung von Alice Salomon über die Entwicklung der Jugendgruppen (S. 5-19). Weitere Beiträge befassen sich mit der Arbeit der Jugendgruppen, mit der Gewinnung neuer Mitglieder, mit der Ausbildung und mit dem Zusammenhang von Sozialer Frage und Frauenbewegung. Im Anhang befindet sich eine Liste der bestehenden Gruppen für soziale Hilfsarbeit.

Die Soziale Woche und die Tagung des Deutschen Verbands der Jugendgruppen und Gruppen für soziale Hilfsarbeit
in: Blätter für Soziale Arbeit
5. Jg., Nr.5, Mai 1913, S. 33-36

Bericht über die erste Generalversammlung des "Deutschen Verbands der Jugendgruppen und Gruppen für soziale Hilfsarbeit" im April 1913 in Berlin. Der Verband war im Oktober 1912 gegründet worden, und diese erste Versammlung sollte dazu dienen, die Satzungen zu diskutieren und gegenseitiges Kennenlernen und Gedankenaustausch unter den Gruppen aus den verschiedenen Städten zu fördern. Alice Salomon berichtet über das Besichtigungsprogramm in Berliner Wohlfahrtseinrichtungen, das den Gruppen aus anderen Städten als Anregung für eigene Initiativen dienen sollte sowie über die Vorträge und Diskussionen in den Abendveranstaltungen, in welchen das Thema der Frauenbewegung behandelt wurde.

Zwanzig Jahre Soziale Hilfsarbeit
Anläßlich des zwanzigjährigen Bestehens der "Mädchen- und Frauengruppen für soziale Hilfsarbeit" in Berlin im Auftrage des Vorstands verfaßt.
G. Braunsche Hofdruckerei und Verlag,
Karlsruhe 1913, 111 S.

In diesem Buch beschreibt Alice Salomon rückblickend Geschichte und Entwicklung der Gruppen für soziale Hilfsarbeit, der sozialen Bildungsbestrebungen und der sozialen Berufsarbeit. Sie beginnt mit der Entstehung der Gruppen im Jahre 1893, den Motiven zu ihrer Gründung, geht ein auf die Mitglieder und Zielsetzungen des Gründungskomitees, die ersten Aktivitäten, den Kampf um Anerkennung und eine feste Richtung in den Gruppen, um die Mitglieder zu halten und zu verpflichten. Sie behandelt die weitere Entwicklung seit dem Jahre 1899, als sie selbst den Vorsitz übernahm, die Ausweitung der Tätigkeit und der Mitglieder, die Organisation der Gruppen, die Ausbildung der Helferinnen und die Suche nach Methoden sozialer Hilfeleistung sowie Erfolge und Mißerfolge der Tätigkeit. Ein Kapitel ist den sozialen Bildungsbestrebungen von den ersten Abendkursen mit sozialwissenschaftlichen Themen bis zur Gründung der sozialen Frauenschule gewidmet. Weitere Kapitel behandeln die Entstehung der sozialen Berufsarbeit, die Zusammenarbeit mit Gruppen in anderen Städten und die Beziehung der Gruppen für soziale Hilfsarbeit zur Frauenbewegung.

Fünfundzwanzig Jahre Mädchen- und Frauengruppen für soziale Hilfsarbeit
in: Blätter für soziale Arbeit
>10. Jg., Nr. 11/12, November/Dezember 1918, S. 41-44

Außerdem in: Die Frauenfrage
>20. Jg., Nr. 11, 1. November 1918, S. 83 ff

Der Beitrag enthält im Wesentlichen die Entwicklungsstationen der Gruppen für soziale Hilfsarbeit, wie sie bereits ausführlich in "Zwanzig Jahre soziale Hilfsarbeit," (siehe oben) geschildert wurden. Allerdings legt Alice Salomon hier besonderen Wert auf die geistigen und moralischen Voraussetzungen, die dieser Arbeit zugrundeliegen und die durch die immer stärkere Umgestaltung der sozialen Arbeit zur Berufsarbeit und die Gründung einer eigenen Berufsorganisation der Sozialarbeiterinnen (Deutscher Verband der Sozialbeamtinnen 1916) an Bedeutung verloren haben. Alice Salomon fordert die "Gruppen" auf, die geistigen und religiös-sittlichen Traditionen fortzuführen und die persönliche Hingabe weiterhin als die Grundlage sozialer Arbeit zu betrachten.

Ein ähnlicher Beitrag erschien unter dem Titel:

Deutscher Verband der Jugendgruppen und Gruppen für soziale Hilfsarbeit
in: Die deutschen Jugendpflegeverbände. Ihre Ziele, Geschichte und Organisation. Ein Handbuch im Auftrage der Zentralstelle für Volkswohlfahrt,
>herausgegeben von Dr. Hertha Siemering. VII. Abschnitt: Jugendpflege und Jugendbewegung in den Frauenvereinen. Carl Heymanns Verlag, Berlin 1918,
>S. 352-354

Die Zukunft der Jugendgruppen
in: Blätter für Soziale Arbeit
11. Jg., Nr. 6, Juni 1919, S. 21-23

Der Beitrag setzt sich mit Problemen der Gruppen für soziale Hilfsarbeit auseinander, die zum Teil schon vor dem Krieg aufgetreten waren, aber erst nach dem Krieg und der Revolution größere Bedeutung erlangt haben: immer weniger junge Mädchen des Bürgertums sind für die ehrenamtliche soziale Arbeit zu gewinnen, da immer mehr einen Beruf ergreifen; andere Jugendgruppen treten in Konkurrenz zu den sozialen Jugendgruppen; viele Mädchen finden in den sozialen Frauenschulen den Mittelpunkt ihrer sozialen Arbeit und nicht mehr in den "Gruppen"; und die individualistischen Strömungen innerhalb der Jugendbewegung haben bei vielen den sozialen Gedanken in den Hingergrund treten lassen. Ein weiteres Problem ist für Alice Salomon die immer stärker werdende parteipolitische Orientierung unter den Mädchen, die den Parteienkampf auch in die sozialen Gruppen hineingetragen hat. Besonders deutlich wurde dies nach dem Krieg, als die Frage auftauchte, wie man sich zu einer sozialdemokratischen Regierung zu stellen habe und ob im Sozialismus soziale Arbeit überhaupt noch gefragt sei. Die einzige Chance für die sozialen Jugendgruppen besteht für Alice Salomon darin, daß es ihnen gelingt, die in ihrer Tradition begründete soziale Gesinnung jenseits aller parteipolitischen Interessen zur Grundlage ihres Handelns zu machen und zu einer Gesinnungsgemeinschaft zu werden, die das Ziel der Revolution und der Umgestaltung Deutschlands in ihrem eigenen Sinne zu verwirklichen sucht, nämlich die Versöhnung der Klassen und die Überwindung der Klassengegensätze und des Klassenkampfes durch soziale Arbeit.

Kapitel 4

Sozialarbeit als Frauenberuf

Die Frau in der sozialen Hilfstätigkeit (um 1900)

Die Frau in der sozialen Hilfstätigkeit
in: Handbuch der Frauenbewegung
  Herausgegeben von Helene Lange und Gertrud Bäumer
  II. Teil: Frauenbewegung und soziale Frauentätigkeit in
  Deutschland nach Einzelgebieten
  Verlag W. Moeser, Berlin 1901
  Fotomechanischer Nachdruck der Originalausgabe: Beltz
  Verlag, Weinheim und Basel 1980, S. 1-122

Der Aufsatz schildert Entstehung, Entwicklung und Stand der Frauentätigkeit in einzelnen Teilbereichen der sozialen Hilfstätigkeit: in der Gefangenenpflege, in der Jugendfürsorge, Arbeitsvermittlung, Wohnungspflege, Volksgesundheit und Volksbildung. Jedem Kapitel ist ein historischer Abschnitt vorangestellt, der die Motivation zu sozialer Hilfe, den Wandel der Institutionen und den jeweiligen Beitrag der Frauen im Verlaufe der Geschichte schildert. Für die Gegenwart werden die Institutionen und Organisationen der Wohlfahrtspflege - staatliche und private, kirchliche und weltliche - mit ihren jeweiligen Zielsetzungen und gesetzlichen Grundlagen dargestellt. Besonders berücksichtigt wird dabei die besondere Initiative der Frau, sowohl in der praktischen und organisatorischen Tätigkeit als auch bei ihrer Mitwirkung an sozialen Reformen.

Frauen in der kommunalen Frauenpflege Deutschlands
in: Dokumente der Frauen
  Halbmonatsschrift, herausgegeben von Marie Lang, Wien
  Bd. V, Nr. 12, 15. September 1901, S. 333-337

Ausgehend von einer kurzen Charakterisierung der deutschen Armengesetzgebung und Armenverwaltung, schildert Alice Salomon den Kampf der Frauen um die Zulassung zum Ehrenamt des Armenpflegers. Insbesondere geht sie darauf ein, wie die Frauen unter Hinweis auf die Mißstände des bisherigen Systems ihre Forderungen damit be-

gründeten, daß sie als Frauen viel besser als männliche Armenpfleger in der Lage seien, häusliche Verhältnisse zu beurteilen, die Interessen der Frauen, die den überwiegenden Teil der Unterstützten ausmachen, wahrzunehmen und in der Waisenpflege ihre mütterlichen und pädagogischen Fähigkeiten zur Geltung zu bringen.
Ferner weist sie auf den engen Zusammenhang hin, der zwischen dem Kampf der Frauen um bürgerliche Rechte und dem Kampf um Wahrnehmung bürgerlicher Pflichten besteht.

Die Frauenfrage auf dem Kongreß deutscher Strafanstaltsbeamter
in: Die Frau
8. Jg., Heft 10, Juli 1901, S. 623-626

Besprechung eines Referats, das auf dem Kongreß deutscher Strafanstaltsbeamter in Nürnberg (am 31. Mai und 1. Juni 1901) gehalten wurde, mit dem Thema: "Wäre es zweckmäßig, in Anstalten für weibliche Gefangene, abgesehen vom Arzte und dem Geistlichen, ausschließlich weibliche Beamte anzustellen und einem männlichen höheren Gefängnisbeamten nur eine Art Oberaufsicht in denselben zu übertragen?". Der Referent sowie die ausschließlich männlichen Kongreßteilnehmer bejahten die Frage, ein Kongreßteilnehmer stellte sogar den Antrag, Frauen auch die Leitung der Anstalten zu übertragen. Alice Salomon knüpft daran die Frage, was wohl geschehen wäre, wenn eine Frau das Referat gehalten und den Antrag gestellt hätte.

Die Reform des Berliner Armenwesens
in: Die Frau
9. Jg., Heft 10, Juli 1902, S. 589-592.

Alice Salomon stellt hier die Bestimmungen der am 1. April 1902 in Kraft getretenen Neuordnung der öffentlichen Armenpflege in Berlin vor. Die wichtigste Neuregelung ist, daß nun auch Frauen für das Ehrenamt der Armenpflegerin gewählt werden können. Gleichzeitig wurden in den Grundsätzen der Armenpflege individualisierende Maßnahmen stärker berücksichtigt, die Hilfsmaßnahmen nicht im einzelnen vorgeschrieben, sondern in das Ermessen des Armenpflegers gestellt und zum großen Teil von seinen Entscheidungen im konkreten Fall abhängig gemacht. Alice Salomon fordert die neu in das Amt der Armenpflegerin gewählten Frauen auf, das individualisierende Prinzip gegenüber den männlichen Armenpflegern, die sich bisher an starren

Verordnungen orientierten, allmählich durchzusetzen.

Waisenpflegerinnen
in: Centralblatt des Bundes deutscher Frauenvereine
2. Jg., Nr. 9, 1. August 1900, S. 65-67
Nr. 10, 15. August 1900, S. 75-76

Der Beitrag behandelt die Organisation der Waisenpflege und -verwaltung in verschiedenen Städten und Ländern Deutschlands sowie Art und Umfang der Beteiligung der Frauen an den Ehrenämtern der Waisenpflegerin und Waisenräten. Alice Salomon kommt es darauf an - nachdem bisher eine Reihe Mißverständnisse aus Unkenntnis aufgetreten waren -, die Frauen ausführlich über ihre bisherigen Rechte zu unterrichten sowie über Forderungen, die sie noch stellen müssen, um gleichberechtigt mit den Männern das Amt ausüben zu können. Ferner führt sie aus, warum gerade Frauen das Amt der Waisenpflegerin übernehmen sollten: nämlich erstens, weil sie aufgrund ihrer besonderen weiblichen Anlage dazu besser geeignet sind als Männer und zweitens, um sich durch die Beteiligung an öffentlichen Pflichten der öffentlichen Rechte, die sie fordern, würdig zu erweisen.

Soziale Frauenarbeit als Erwerbsberuf (1913 - 1920)

Soziale Frauenarbeit als Erwerbsberuf
in: Volkswirtschaftliche Blätter, zugleich Mitteilungen des Deutschen Volkswirtschaftlichen Verbandes
12. Jg., Nr. 24, 31. Dezember 1913, S. 322-323

Beschreibung der Ausbildungsmöglichkeiten, des Tätigkeitsbereichs, der beruflichen Stellung und des Arbeitsentgeltes der sozialen Frauenarbeit, die sich von einer ehrenamtlichen Tätigkeit langsam zum Erwerbsberuf entwickelt. Es liegt an der Neuartigkeit des Berufs, daß die Regeln für all diese Bereiche noch nicht sehr fest umrissen sind und daß es bisher noch an den persönlichen Fähigkeiten, dem Engagement der einzelnen Frau liegt, welche Position sie sich selbst zu schaffen vermag.

Der Beruf der Fabrikpflegerin
in: Die Frauenfrage
19. Jg., Nr. 11, 1. Juni 1917, S. 82-83

Beschreibung des Berufs der Fabrikpflegerin, der gegen die Tätigkeit der Gewerksaufsichtsbeamten und der Meister im Betrieb abgegrenzt wird. Alice Salomon behandelt die Aufgaben der Fabrikpflegerin, ihre Stellung im Betrieb und die Anforderungen, die an ihre Person gestellt werden.

Akademisch gebildete Sozialbeamtinnen
in: Die Frau in der Gemeinde
55. Jg. von "Neue Bahnen", herausgegeben von der Zentralstelle für Gemeindeämter der Frau,
Frankfurt am Main, Nr. 5, 15. Mai 1920, S. 27-28

Zunächst hält Alice Salomon einen Rückblick auf die Entwicklung des Frauenstudiums der Rechtswissenschaft und Nationalökonomie, deren weibliche Pioniere, wenn sie ihre Kenntnisse anschließend in einer sozialen Tätigkeit anwendeten, ein breites Arbeitsfeld vorfanden, das sie selbst gestalten konnten. Die zunehmende Zahl der Akademikerinnen, die Eingliederung der sozialen Arbeit in die Kommunalverwaltung und die Konkurrenz mit männlichen Akademikern um leitende Stellungen in kommunalen Ämtern, hat es den weiblichen Studierten aber zunehmend erschwert, ihre Fähigkeiten als Akademikerinnen in entscheidender Stellung einzusetzen. Alice Salomon beschreibt nun den Weg, wie sich die Akademikerin die Fähigkeiten aneignen kann, die sie besser als den Mann für leitende Stellungen in der städtischen Sozial- und Jugendarbeit qualifizieren, indem sie sich neben ihrem Studium auch praktische Fähigkeiten erwirbt und zunächst einmal eine praktische Tätigkeit in mittlerer Position ausübt. Der Frauenverein und weibliche Stadtverordnete müssen sich dann dafür einsetzen, daß eine derart qualifizierte Frau auch eine leitende Stellung in der sozialen Stadverwaltung erhalten kann.

Freiwillige und besoldete Arbeit
in: Der Kunstwart
27. Jg., Heft 12, März 1914, S. 428-432

Dieser Beitrag behandelt die Gefahren, die durch die zunehmende soziale Berufsarbeit - entgegen der ursprünglichen Idee der sozialen Arbeit als einer freiwilligen Liebestätigkeit - entstehen können. Diesem Eindringen materialistischer Elemente kann nach Ansicht von Alice Salomon nur begegnet werden, wenn ein großer Teil der sozialen Arbeit weiterhin freiwillig und ungezahlt bleibt. Das Gehalt der Berufsarbeiterin soll nur dazu dienen, sie materiell in die Lage zu versetzen, daß sie einer freiwillig gewählten Tätigkeit nachgeht.

Ein ähnlicher Aufsatz erschien unter dem Titel:

Die Bedeutung der sozialen Berufsarbeit
in: Concordia
23. Jg., Nr. 21, 1. November 1916, S. 334-339

Sozialbeamtinnen (um 1930)

Typenwandel der Sozialbeamtinnen und Struktur des sozialen Berufs
in: Freie Wohlfahrtspflege
5. Jg., Heft 1, April 1930, S. 1-8
außerdem in: Freie Wohlfahrtspflege
6. Jg., Heft 2, Mai 1931, S. 67-71

Der erste Teil dieses Aufsatzes entspricht im wesentlichen dem Beitrag "Romantische und sachliche Sozialbeamtinnen" in der Zeitschift "Soziale Arbeit" (siehe dazu nächsten Beitrag). Hinzu kommt eine ausführliche Auseinandersetzung mit dem Problem der Versachlichung und Schematisierung der Sozialarbeit durch ihre zunehmende Eingliederung in den Verwaltungsapparat, durch die Massennot der Zeit, die individualisierende Maßnahmen kaum zuläßt, durch die Anerkennung des Rechtsanspruchs auf Hilfe, der leicht zu einer schematischen Behandlung der Probleme führt und schließlich auch durch den neuen Typ des Sozialarbeiters, der ohne innere Anteilnahme allein aus sachlichen Motiven die soziale Arbeit zum Beruf wählt. Alice Salomon ist der Ansicht, daß die soziale Arbeit ihren wesentlichen Gehalt und damit ihre Existenzberechtigung verliert, wenn die individualisierende Methode, die auf der Anerkennung der Einzigartigkeit und Unteilbarkeit des Menschen beruht und die Persönlichkeit des Sozialarbeiters fordert, verloren geht. Es würde bedeuten, daß die Frauenbewegung, deren Ziel es ja gerade war, dieses individualisierende - weibliche - Element in den sachlichen Verwaltungsapparat hineinzutragen, an dieser Aufgabe gescheitert wäre.

Romantische und sachliche Sozialbeamtinnen
in: Soziale Arbeit
28. Jg., Heft 10/12, Dezember 1930, S. 178-183

Der Beitrag behandelt die Veränderungen, die im Laufe von drei Jahrzehnten in der sozialen Arbeit und in der Einstellung der Sozialarbeiterinnen zu ihrer Tätigkeit stattgefunden haben. Alice Salomon vergleicht Statistiken über die soziale Herkunft der Schülerinnen von Wohlfahrtsschulen, aus denen hervorgeht, daß der Anteil der Frauen aus dem Besitz- und Bildungsbürgertum zurückgeht zugunsten von Schülerinnen aus mittleren Beamtenfamilien, Angestellten-, Handwerker- und Arbeiterfamilien. Alice Salomon führt das darauf zurück, daß die soziale Arbeit zunehmend zu einem Erwerbsberuf und auch für Frauen ohne finanziellen Rückhalt in der Familie attraktiv geworden ist. Damit einher geht ein Einstellungswandel der Sozialarbeiterinnen zu ihrer Arbeit, der unter anderem auch durch die Erfahrungen der neuen Generation von Krieg und Revolution bedingt ist. Während die frühere Frauengeneration die soziale Arbeit als eine Berufung betrachtete, die Hingabe und persönliches Bekenntnis verlangt und eine "Gemütsinnerlichkeit" voraussetzte (romantische Sozialarbeiterinnen), hat die neue Generation ein eher sachliches Verhältnis zur sozialen Arbeit, da die Auseinandersetzung mit der sozialen Frage zu einem selbstverständlichen Bestandteil des Lebens geworden ist und durch die Übertragung der Sozialarbeit auf die öffentlichen Körperschaften ein Wandel in der Sinngebung stattgefunden hat, der von Barmherzigkeit und Caritas zum Gedanken sozialer Gerechtigkeit führte.

Die Berufslage der Sozialarbeiterinnen
in: Die Frau
39. Jg., Heft 3, Dezember 1931, S. 140-146

In diesem Beitrag beurteilt Alice Salomon anhand des statistischen Materials der Arbeitsämter, Wohlfahrtsschulen und der Berufsorganisationen der Sozialarbeiterinnen die Berufslage der Sozialarbeiterin auf dem Arbeitsmarkt. Aufgrund der Wirtschaftslage und der drastischen Sparmaßnahmen der staatlichen und kommunalen Haushalte sind auch die Sozialarbeiterinnen von Arbeitslosigkeit betroffen bzw. die Stellensuche wird schwieriger. Allerdings hat die Massennotlage der Weltwirtschaftskrise auch den Bedarf an Fürsorgerinnen erhöht, so daß auf dem Städtetag von einem weiteren Abbau der Stellen für Fürsorgerinnen abgeraten wurde und die Arbeitsmarktlage im Sozialarbeiterberuf nicht so düster aussieht. Alice Salomon fordert jedoch die Wohlfahrtsschulen auf, schon bei der Aufnahme der Schülerinnen besser auf ihre Eignung zu achten und ungeeignete Frauen gar nicht erst aufzunehmen, ferner das Fächerangebot breiter zu gestalten, so daß den Absolventinnen zur Not auch andere Berufe offenstehen. Außerdem können arbeitslose Sozialarbeiterinnen in unbezahlten ehrenamtlichen Tätigkeiten eingesetzt werden, um die überlasteten bezahlten Fürsorgerinnen zu unterstützen, und sie können aus der Arbeitslosenunterstützungskasse der Berufsorganisationen der Sozialarbeiterinnen Geld erhalten.

Der soziale Frauenberuf
in: Die Kultur der Frau. Eine Lebenssymphonie der Frau des 20. Jahrhunderts.
  Herausgegeben von Ada Schmidt-Beil
  Verlag für Kultur und Wissenschaft, Berlin-Frohnau 1931,
  S. 309-316

Ausgehend von der Geschichte der Frauenberufsarbeit wird der soziale Frauenberuf gegenüber den Berufen, die ursprünglich Männerberufe waren und nun auch Frauen offenstehen, als ein von Frauen nach ihren Bedürfnissen und Anlagen geschaffenes gesellschaftliches Tätigkeitsfeld definiert. Gegenüber der ursprünglich karitativen persönlichen Armenpflege wird seine soziale Bedeutung und die Ziele, die er sich im Hinblick auf die gesamte Gesellschaft gesteckt hat, hervorgehoben. Ferner geht Alice Salomon auf die Notwendigkeit der qualifizierten Ausbildung sowie die Notwendigkeit der Forschungen der Deutschen Akademie für soziale und pädagogische Frauenarbeit ein, die den Frauen die Möglichkeit geben soll, trotz der Eingliederung des Sozialarbeiterberufs in die von Männern bestimmte öffentliche Verwaltung, ihren Führungsanspruch auf ihrem ureigensten sozialen Tätigkeitsfeld zu behaupten.

Hat die Frau die Wohlfahrtspflege überspannt und verweichlicht?
in: Soziale Arbeit
  (Wien), 29. Jg., Heft 7-9, September 1931, S. 65-71

In diesem Beitrag geht Alice Salomon auf die Vorwürfe ein, die angesichts der Wirtschaftskrise und leerer Staatskassen erhoben worden waren, daß die wachsenden materiellen Anforderungen an die Fürsorge auf den Einfluß der Sozialarbeiterinnen zurückzuführen seien und daß die Tätigkeit der Frau die Fürsorge überspannt und verweichlicht habe.

Alice Salomon ist dagegen der Ansicht, daß gerade die Einführung individualisierender Maßnahmen in die soziale Arbeit, die auf den Einfluß der Frau zurückgeht, die Fürsorge sparsamer gestaltet hat, indem sie nicht einfach nur Gelder verteilt, sondern sich um die Wiederherstellung der wirtschaftlichen Selbständigkeit der Hilfsbedürftigen bemüht; daß das auf ihrer Erfahrung als Frau beruhende Verständnis für die matierielle Not einer Familie sie befähigt, die vorhandenen Gelder an der richtigen Stelle einzusetzen; daß ihre aus dem Bedürfnis zu helfen entspringende Phantasie und Tatkraft auch mit geringen materiellen Mitteln wirksame Hilfe leisten kann; und daß außerdem der weibliche Geschlechtscharakter neben der Weichheit der Gefühle auch männliche Züge, wie kühlen Verstand und Fähigkeit zu logischem Denken, trägt. Die hohen materiellen Aufwendungen sind ihrer Meinung nach weniger auf die individualisierende Fürsorge der Frau, sondern auf die übersteigerten und stetig wachsenden Kosten der Anstaltsfürsorge zurückzuführen. Abschließend fordert sie die Wohlfahrtsschulen auf, in Zeiten wachsender Not die Kräfte der Nächstenliebe, des Mitgefühls und der Phantasie zu fördern, die es allein ermöglichen, auch mit geringen finanziellen Mitteln wirksame Hilfe zu leisten.

Exkurs

Internationale Konferenzen und Kongresse

Der Internationale Kongreß für Armenpflege und Wohltätigkeit in Mailand
in: Centralblatt des Bundes deutscher Frauenvereine
8. Jg., Nr. 7, 1. Juli 1906, S. 50-52

Bericht über den Internationalen Kongreß für Armenpflege und Wohltätigkeit in Mailand, Mai 1906, insbesondere über die Behandlung der Themen "Ausbildung von freiwilligen und berufsmäßigen Armenpflegern" und "Schutz alleinstehender Mädchen".

Die soziale Ausbildung
Leitsätze für die Sektionssitzungen der Sektion 2
Aufgestellt von Alice Salomon, Elisabeth Macadam, M. Mulle.
Internationale Konferenz für Wohlfahrtspflege und Sozialpolitik, Paris, 9.-13. Juli 1928, Sonderdruck, 11 S.

Der Sonderdruck enthält das Programm der Internationalen Konferenz für Wohlfahrtspflege und Sozialpolitik in Paris vom 9. bis 13. Juli 1928, und zwar A. die Themen der Vollversammlung; B. die Themen der fünf Sitzungen der 2. Sektion. Die Leitsätze für die Sektionssitzungen sind Diskussionsvorschläge zu folgenden Themen: Organisation der Sozialen Schulen, Lehrplanfragen, Verhältnis von theoretischer und praktischer Ausbildung zu leitenden Stellen, Fortbildung der Sozialarbeiter, Pläne für eine Internationale Soziale Schule in Genf.

Die Internationale Doppelwoche für Soziale Arbeit in Paris
in: Nachrichten des Internationalen Frauenbundes
7. Jg., Nr. 1, September 1928, S. 2-4

Bericht über die internationale Konferenz für soziale Arbeit vom 2. bis 13. Juli 1928 in Paris. Neben einem Überblick über die Vorträge und Diskussionen zu den Themen Organisation und Methoden der sozialen Arbeit, Beziehungen von Wirtschaft und Wohlfahrtpflege, Ausbildung zur sozialen Arbeit, geht Alice Salomon vor allem auf die Bedeutung der Konferenz für Frieden und Völkerverständigung durch internationale Zusammenarbeit auf sozialem Gebiet ein.

Warum internationale Wohlfahrtspflege notwendig ist
Zugleich ein Überblick über die Organisationen allgemeiner Art
in: Schriften der Deutschen Liga der freien Wohlfahrtspflege,
Heft 5: Internationale freie Wohlfahrtspflege, 1930, S. 3-7
außerdem in: Freie Wohlfahrtspflege
4. Jg., Heft 12, März 1930, S. 531-535

Im Anschluß an die Begründung der Notwendigkeit internationaler Wohlfahrtspflege, nämlich aus der zunehmenden internationalen Verflechtung fast aller Bereiche des wirtschaftlichen und sozialen Lebens, gibt Alice Salomon einen Überblick über Geschichte, Organisation und Arbeitsweise der internationalen Kongresse und Konferenzen für soziale Arbeit.

Geschäftsbericht für das Sekretariat des Internationalen Komitees Sozialer Schulen
Tagung des Internationalen Komitees Sozialer Schulen 15. und 16. Juli 1932 in Frankfurt a. M.
in: Zweite Internationale Konferenz für soziale Arbeit
(s. o.), S. 791-793

Bericht über Gründung, Satzung, Mitglieder und Tätigkeit des Internationalen Komitees Sozialer Schulen sowie über seine Verbindung zum Völkerbund.

Die Bedeutung internationaler Kongresse für die soziale Arbeit
in: Deutsche Zeitschrift für Wohlfahrtspflege
3. Jg., Nr. 10, Januar 1928, S. 495-496

In diesem Beitrag legt Alice Salomon die Notwendigkeit internationaler Zusammenarbeit sowohl für die Fürsorge als auch für die darin tätigen Sozialarbeiter dar: Weder religiöse noch humanitäre Motive der Sozialarbeit können vor nationalen Grenzen haltmachen. Die zunehmende internationale Verflechtung auf wirtschaftlichem und sozialem Gebiet legt auch eine Zusammenarbeit bei den sozialen Problemen nahe. Die Wohlfahrtspflege muß sich für Frieden und Völkerverständigung einsetzen, da ein Krieg ihre Arbeit zunichte machen würde. Schließlich kann ein internationaler Erfahrungsaustausch über wissenschaftliche Grundlagen und Methoden der Sozialarbeit die Wohlfahrtspflege in jedem einzelnen Land fördern.

TEIL IV

SOZIALE ARBEIT UND SOZIALPOLITIK

Kapitel 1

Mutterschutz

Mutterschaftsversicherung

Das Problem der Mutterschaftsversicherung
in: Die Frau
9. Jg., Heft 12, September 1902, S. 722-732

In diesem Beitrag setzt sich Alice Salomon mit Vorschlägen auseinander, die von unterschiedlicher Seite hinsichtlich der Einrichtung einer Mutterschaftsversicherung gemacht wurden. Sie betrachtet die verschiedenen Vorschläge zur Dauer des Versicherungsschutzes unter dem Gesichtspunkt ihrer Wirksamkeit und politischen Durchsetzbarkeit und empfiehlt schließlich für deutsche Verhältnisse einen Ausbau des Krankenversicherungsgesetzes, in welchem bereits ein - wenn auch unzureichender - Wöchnerinnenschutz vorgesehen ist. Dieses System könnte ihrer Meinung nach am besten den Interessen und Pflichten des Staates und den elterlichen Rechten und Pflichten - sowohl der Mutter als auch des Vaters - gerecht werden.

Frauenbewegung und Mutterschaftsversicherung
in: Patria
Jahrbuch der "Hilfe" 1907, Hrsg. Friedrich Naumann
Buchverlag der "Hilfe", Berlin, S. 140 ff

Der Artikel behandelt von verschiedenen Gesichtspunkten aus die Forderung nach einer Mutterschaftsversicherung. Zunächst geht es um den Zusammenhang von Frauenbewegung und Mutterschaftsversicherung. Die Frauenbewegung beharrt nicht mehr auf der anfänglichen absoluten Gleichheitsforderung, der zufolge jegliche Sondergesetzgebung für Frauen abgelehnt wurde, sondern sie fordert jetzt solche Sondergesetze und Schutzbestimmungen, um gleiche Chancen für Mann und Frau möglich zu machen. Daher gibt es ein grundsätzliches ideologisches Umdenken (jedenfalls bei den meisten bürgerlichen Frauen):
die Geschlechter sollen nicht mehr gleich a r t i g sondern (nur noch) gleich w e r t i g sein.

Ferner geht es in diesem Artikel um die nationale Bedeutung der Mutterschaftsversicherung, ihre volkswirtschaftliche, gesundheits- und sozialpolitische Notwendigkeit. Alice Salomon referiert Vorschläge, die von verschiedenen Seiten (Frauenvereine, Ärzte, Sozialdemokraten) hinsichtlich des Umfangs und der technischen Organisation der Mutterschaftsversicherung gemacht wurden und diskutiert diese Vorschläge hinsichtlich ihrer politischen und ökonomischen Durchsetzbarkeit und ihrer moralischen Implikationen (Verteilung der Rechte und Pflichten auf Staat und Familie/Stärkung oder Schwächung von Ehe und Familie).

Mutterschutz
in: Handwörterbuch der Staatswissenschaften.
   Herausgegeben von Ludwig Elster, Adolf Weber, Friedrich Wieser
   4. gänzlich umgearbeitete Auflage, 6. Band
   Verlag Gustav Fischer, Jena 1925, S. 712-720

Der Beitrag enthält eine Definition des Mutterschutzes, die Begründung seiner ökonomischen und sozialen Notwendigkeit, ferner die Bestimmungen und Leistungen des gesetzlichen Mutterschutzes in Deutschland. Dargestellt wird außerdem die Tätigkeit der Wohlfahrtspflegevereine für Schutz, Fürsorge und Pflege der Schwangeren und Mütter, insbesondere der ledigen Mütter. Ein weiterer Abschnitt behandelt den Mutterschutz im Ausland.

Die 28. Jahresversammlung des deutschen Vereins 1908 in Hannover

Mutterschutz und Mutterschaftsversicherung
   Schriften des deutschen Vereins für Armenpflege und Wohltätigkeit
   84. Heft. Verlag Duncker & Humblot, 1908, 99 S.

Vorbericht für die 28. Jahresversammlung des deutschen Vereins 1908 in Hannover. Ausgehend von einer ausführlichen Darstellung der Notlage, die einen besonderen Mutterschutz nicht nur für die ledige Mutter - wie es der Bund für Mutterschutz forderte -, sondern auch für die verheiratete Mutter erforderlich macht, stellt Alice Salomon den bisherigen Stand der Mutterschutzbestimmungen in Deutschland dar. Sowohl der gesetzliche Arbeiterinnenschutz, als auch der Schutz der verheirateten und ledigen Mütter durch das bürgerliche und das Strafgesetz sind völlig unzureichend, um sie gesundheitlich und materiell in den letzten Wochen der Schwangerschaft und in der ersten Zeit nach der Entbindung zu versorgen. Auch der Schutz durch die öffentliche Armenpflege, durch kirchliche und private Fürsorgebestrebungen (wie zum Beispiel medizinische Versorgung, Hauspflege und Wöchnerinnenheime) befindet sich noch in den Anfängen. Aus diesen Mängeln ergeben sich Forderungen, die an die Gesetzgebung und an die öffentliche und private Armenpflege gestellt werden müssen, um die bisherigen Ansätze des Mutterschutzes wirksam werden zu lassen.

In einem Kapitel "sittliche Forderungen" geht Alice Salomon noch einmal auf das Problem der ledigen Mutterschaft ein, die sie lieber verhüten, denn als sittliche Norm anerkannt wissen möchte. Ferner behandelt sie in einem Kapitel bisher bestehende Ansätze der Selbsthilfe durch Mutterschaftskassen.

In Leitsätzen werden anschließend noch einmal die Forderungen an die Gesetzgebung, die öffentliche Armenpflege und die kirchliche und private Wohlfahrtspflege formuliert. Im Anhang befinden sich ferner Zusammenstellungen von Heimen für ledige und verheiratete Mütter (Träger, Aufnahmebedingungen, Zahl der Plätze) sowie von öffentlichen Kliniken und Entbindungsanstalten.

Mutterschutz und Mutterschaftsversicherung
in: Stenographischer Bericht über die Verhandlungen der 28. Jahresversammlung des deutschen Vereins für Armenpflege und Wohltätigkeit am 17. und 18. September 1908 in Hannover. Schriften des deutschen Vereins für Armenpflege und Wohltätigkeit. 87. Heft
Verlag Duncker & Humblot, Leipzig 1908, S. 84-101

Zwei weitere (kürzere) Zusammenfassungen unter dem gleichen Titel
in: Zeitschrift für das Armenwesen
9. Jg., Heft 11, November 1908, S. 458-463

sowie ein Aufsatz unter dem Titel "Mutterschutz"
in: Der Kunstwart
Bd. 23, 4, Heft 19, 1910, S. 55 ff

In ihrem Referat behandelt Alice Salomon - ausgehend von der Begründung der gesellschaftlichen Notwendigkeit des Mutterschutzes - die Unzulänglichkeit der bisherigen Bestimmungen in der Reichsgewerbeordnung und im Krankenversicherungsgesetz. Sie schlägt Änderungen und Verbesserungen vor, die es jeder Mutter ermöglichen, in ausreichender materieller Sicherheit und unter hygienischen, nicht gesundheitsschädlichen Bedingungen und unter ausreichender Fürsorge und Betreuung ihr Kind zur Welt zu bringen. Auf dieser Versammlung des Deutschen Vereins mußte sie besonders deutlich die Trennungslinie gegenüber dem Bund für Mutterschutz ziehen, dessen Vorstellungen hinsichtlich des Schutzes der ledigen Mütter und der damit verbundenen neuen Sexualethik in der Öffentlichkeit heftig diskutiert wurden, was dazu geführt hatte, daß der Bund für Mutterschutz mit der Forderung nach Mutterschutz schlechthin gleichgesetzt wurde. Demgegenüber legt Alice Salomon dar, wie sie neben der verheirateten Mutter auch die ledige Mutter schützen möchte, ohne jedoch die herrschende Moral in Frage zu stellen, nämlich indem sie zusätzlich zu den materiellen Hilfsmaßnahmen eine moralische Erziehung und sittliche Beeinflussung der ledigen Mütter durch Institutionen der freien Wohlfahrtspflege vorsieht. Im Anschluß an das Referat fand eine Diskussion statt, in der Alice Salomon noch einmal in einem längeren Beitrag (S. 120-123) ihre Vorschläge gegen einige Einwände verteidigte.

Auseinandersetzung mit der "Neuen Ethik" und dem "Bund für Mutterschutz"

Mutterschutz als Aufgabe der Sozialpolitik
in: Frauenbewegung und Sexualethik. Beiträge zur modernen Ehekritik von Gertrud Bäumer, Agnes Bluhm, Ika Freudenberg, Anna Kraußneck, Helene Lange, Anna Pappritz, Alice Salomon, Marianne Weber
Verlag Eugen Salzer, Heilbronn a. N. 1909, S. 132-162

Wie in den anderen Aufsätzen in diesem Band geht es auch in Alice Salomons Beitrag um die Frage einer neuen Sexualethik, die die damalige Frauenbewegung in zwei Lager gespalten hatte. Die einen, hauptsächlich durch den Bund für Mutterschutz repräsentiert, forderten eine radikale Umgestaltung der moralischen und rechtlichen Normen der Geschlechterbeziehung, freie Liebe und die Abschaffung der Ehe. Für die anderen, zu denen die Autorinnen der in diesem Band gesammelten Aufsätze gehören, war und blieb die Ehe die höchste sittliche Norm der bürgerlichen Gesellschaft, die, wenn sie als soziale Institution funktionstüchtig bleiben sollte, allerdings sozialpolitischer und gesetzlicher

Reformen bedurfte.

Alice Salomon geht in ihrem Beitrag zunächst auf den Funktionswandel der Familie ein, da sie in immer geringeren Maße Produktionseinheit ist, auch der Leistung der Mutter als Produzentin neuer Arbeitskräfte keinen Wert mehr beimißt. Da die Arbeit nunmehr auf gesamtgesellschaftlicher Ebene stattfindet, ist es auch Aufgabe der Gesellschaft, Schutz und Pflege der Schwangeren und der Mutter zu übernehmen und die Mutterschaft als soziale Funktion anzuerkennen. Gesetzliche Maßnahmen werden vorgeschlagen, die für alle Frauen, Arbeiterinnen, Hausfrauen, verheiratete und ledige Mütter ausreichenden Schutz während mehrerer Wochen vor und nach der Geburt, ausreichende finanzielle Unterstützung, Pflege und Betreuung nach modernen medizinischen und hygienischen Prinzipien gewährleisten. Ein besonderer Abschnitt befaßt sich mit den ledigen Müttern. Im Gegensatz zum Bund für Mutterschutz will Alice Salomon die ledige Mutterschaft nicht zum Programm erheben. Sie liegt nicht im Interesse der Frauen, da größere sexuelle Freiheit die Neigung der Männer zu flüchtigen Beziehungen stärken wird, während die Hoffnung der meisten Frauen immer noch eine dauernde Lebensgemeinschaft ist. Sie liegt auch nicht im Interesse des Kindes, das einen Vater braucht, noch im Interesse der Gesellschaft, die ihre Ideale nicht auf das Niveau der Tatsachen herunterschrauben darf.

Andererseits sollen die ledigen Mütter nicht unter der doppelten Moral leiden, die sie als "gefallene Mädchen" bezeichnet und aus der Gesellschaft ausstößt, während die Männer ungeschoren davonkommen. Aus diesem Grunde werden besondere Gesetze und Institutionen zum Schutz der ledigen Mutter vorgeschlagen.

Die soziale Bedeutung der unehelichen Mutterschaft
in: Deutschland
   Bd. 8, 4. Jg., Heft 7, April 1906
sowie in: Neue Bahnen
   41. Jg., Nr. 10, 15. Mai 1906, S. 73 ff
      und Nr. 11, 1. Juni 1906, S. 83 ff

Der Artikel setzt sich ausführlich mit den Forderungen der "Neuen Ethik" nach sozialer Anerkennung der ledigen Mutterschaft auseinander. Grundlegendes Kriterium für die Beurteilung dieser Frage ist für Alice Salomon nicht das Interesse der einzelnen Frau oder einer Gruppe von Frauen, die für sich das Recht auf Mutterschaft fordern, sondern das Interesse des Kindes und der gesamten Gesellschaft, die an einem körperlich, geistig und moralisch gesunden und leistungsfähigen Nachwuchs interessiert ist. Den eher theoretischen und moralischen Argumenten der Befürworter und Gegner der "Neuen Ethik" stellt sie die Ergebnisse empirischer Untersuchungen über die Lage der unehelichen Kinder in Frankfurt und Berlin gegenüber. Daraus geht hervor, daß das uneheliche Kind gegenüber dem ehelichen auf allen Ebenen eindeutig schlechter gestellt ist, was nach Alice Salomons Meinung nicht daran liegt, daß die ledige Mutterschaft sozial geächtet ist, sondern an ökonomischen Ursachen (zumindest in den unteren sozialen Schichten). Selbst wenn das uneheliche Kind dem ehelichen ökonomisch gleichgestellt werden könnte, wäre es immer noch benachteiligt, da es den so wichtigen erzieherischen Einfluß des Vaters entbehren müßte. Aus all dem schließt Alice Salomon, daß die einzelne ledige Mutter zwar nicht geächtet werden sollte und man auch im individuellen Fall einer Frau das Recht auf ledige Mutterschaft zugestehen kann, wenn ihr Lebensglück davon abhängt; als soziale Institution aber sollte die ledige Mutterschaft auf keinen Fall befürwortet werden.

Quellen:
Ottmar Spann: Untersuchungen über die unehelichen Bevölkerung in Frankfurt, Dresden 1905.
H. Neumann: Die jugendlichen Berliner unehelicher Herkunft. Jahrbücher für Nationalökonomie, III. Folge, Band VIII, 1894

Kapitel 2

Kinder- und Jugendfürsorge

Kinderschutz verschiedener Art

Das Kaiser- und Kaiserin-Friedrich-Kinderheim in Bornstedt
in: Die Frau
4. Jg., Heft 3, Dezember 1896, S. 179-182

Beschreibung des Kinderheims auf dem Gut Bornstedt bei Potsdam, das eine Krippe und Kleinkinderbewahranstalt verband und als Tagesstätte für die Säuglinge und Kleinkinder der Arbeiterinnen aus den umliegenden Dörfern gedacht war. Dieses Heim, in dem die Kinder nicht nur beaufsichtigt, sondern auch nach der Fröbelschen Pädagogik angeleitet wurden, stellt Alice Salomon als eine vorbildliche Einrichtung dar, die zum Wohle der Arbeiterinnen und ihrer Kinder überall Nachahmung finden sollte.

Krankenversicherungsnovelle und Kinderschutzgesetz
in: Centralblatt des Bundes deutscher Frauenvereine
5. Jg., Nr.6, 15. Juni 1903, S. 44 f

Erläuterungen zur Krankenversicherungsnovelle und zum Kinderschutzgesetz, die beide am 1. Januar 1904 in Kraft treten sollten. Alice Salomon vergleicht die neuen Bestimmungen mit den Petitionen des Bundes deutscher Frauenvereine vom Jahre 1901.[13]
Sie weist auf die Fortschritte und Mängel hin und stellt vor allem beim Kinderschutzgesetz fest, daß seine Wirksamkeit wesentlich von den Ausführungsbestimmungen und geeigneten Überwachungsinstitutionen abhängig sein wird.

---

13 Siehe dazu Teil I/2 Frau und Beruf, Verschiedene Berufszweige.

Die Bekämpfung der Säuglingssterblichkeit
in: Die Frau
13. Jg., Heft 3, Dezember 1905, S. 129-139

Ausgehend von einer nationalökonomisch begründeten Widerlegung malthusanischer und darwinistischer Theorien bewertet Alice Salomon die Ergebnisse einiger Untersuchungen über die Säuglingssterblichkeit in Deutschland, die vom Deutschen Verein für Armenpflege und Wohltätigkeit (74. Heft, 1905) veröffentlicht wurden. Als Ursachen für die hohe Säuglingssterblichkeit, die in manchen Gebieten bei 28%, in manchen Bevölkerungsschichten bei mehr als 35% liegt, wurden die mangelhafte Pflege und Ernährung der Säuglinge genannt. Sie sind darauf zurückzuführen, daß die Mütter die Kinder nicht mehr stillen sowie auf die Verwendung unzureichender Surrogate, auf die außerhäusliche Erwerbstätigkeit der Mutter, auf die materielle Notlage der Mutter, die sich während der letzten Schwangerschaftswochen und der ersten Wochen nach der Entbindung keinen Lohnausfall leisten kann, auf die hohe Kinderzahl in den Arbeiterfamilien und auf mangelnde hygienische und hauswirtschaftliche Kenntnisse. Anschließend schlägt Alice Salomon Maßnahmen zur Bekämpfung der Säuglingssterblichkeit vor: erweiterter Mutterschutz mit ausreichender finanzieller Unterstützung, Einrichtung von Wöchnerinnenheimen und Institutionalisierung der Hauspflege, Aufklärung über Hygiene und die Notwendigkeit des Stillens, hauswirtschaftlicher Unterricht für Mädchen. Aufklärung über Empfängnisverhütung wird - sehr vorsichtig - erwogen.

Schule und soziale Arbeit
in: Schriftenreihe zur politischen Propädeutik
Bd. 2: Schule und Leben, S. 100 ff

Alice Salomon behandelt das Thema unter zwei Gesichtspunkten: einmal, inwieweit in der Schule soziale Einrichtungen notwendig sind, zum anderen, inwieweit die Schule zu den Zielen sozialer Arbeit beitragen kann. Für den ersten Punkt nennt sie alle jene Einrichtungen, die geschaffen wurden, um Kindern die erfolgreiche Teilnahme am Unterricht zu ermöglichen, wie zum Beispiel Kinderarbeitsschutzgesetze, Schulspeisungen, schulärztliche Untersuchungen, Gesundheitsfürsorge, Erholungsfürsorge und außerschulische Kinderbetreuung. Zum zweiten Punkt meint sie: die Schule kann der sozialen Arbeit dienen, indem die Lehrer eng mit den Organisationen und Institutionen der Jugendpflege zusammenarbeiten und außerdem, indem die Schule es als ihre höchste

Aufgabe betrachtet, den Schülern die soziale Idee nahezubringen und eine positive Haltung des Individuums zur Gesellschaft zu entwickeln.

Kinderhorte
in: Baltische Frauenzeitschrift
1. Jg., Novemberheft 1906, S. 65 ff

Die Beschreibung der Organisation, Aufgaben und Ziele der bereits bestehenden Kinderhorte, in welchen schulpflichtige Kinder erwerbstätiger Mütter nach der Schule beaufsichtigt und angeleitet werden, ist offenbar als Aufforderung und praktische Anleitung für Frauenvereine gedacht, damit diese weitere derartige Einrichtungen schaffen und so einen Beitrag zur Volkserziehung und damit zur Lösung der sozialen Probleme der Industriegesellschaft leisten.

Kinderarbeit

Kinderarbeit in Fabriken
in: Die Frau
7. Jg., Heft 1, Oktober 1899, S. 11-19

Da die Bestimmungen der Reichsgewerbeordnung zur Einschränkung der Kinderarbeit in den Fabriken erfolglos geblieben waren bzw. eher eine gegenteilige Wirkung hatten, nämlich die Kinderarbeit aus der Großindustrie in die Klein- und Heimindustrie abzudrängen, versucht Alice Salomon, anhand von Erfahrungen einer amerikanischen Fabrikinspektorin, Möglichkeiten zu einem wirksameren Kinderschutz aufzuzeigen. Sie geht auf die körperliche, geistige und sittliche Schädigung der Kinder durch die frühzeitige und extreme Ausbeutung ein, die nur verhindert werden kann, wenn die Kinderarbeit bis zum 16. Lebensjahr ganz verboten wird, wenn eine Schulpflicht, die die Grundlagen einer Berufsausbildung einschließt, eingeführt wird und wenn die Familien ausreichend unterstützt werden, so daß sie nicht auf die Erwerbstätigkeit der Kinder angewiesen sind.

Zur Petition betreffs Regelung der Erwerbsarbeit der Kinder
in: Centralblatt des Bundes deutscher Frauenvereine
3. Jg., Nr. 23, 1. März 1902, S. 179-180

In diesem Beitrag bespricht Alice Salomon Einwände, die von einigen Bundesvereinen gegen die vom Bund deutscher Frauenvereine am 8. Februar 1902 dem Reichstag eingereichten "Petition zur Regelung der Erwerbsarbeit der Kinder" (abgedruckt im selben Heft, S. 177-178) vorgebracht wurden. In der Petition wurde gefordert, die gewerbliche Kinderarbeit auch außerhalb der Fabriken zu regeln, die Kontrolle der Durchführung weiblichen Hilfskräften der Fabrikinspektion zu übertragen und das Kinderschutzgesetz auch auf die Erwerbsarbeit der Kinder in Landwirtschaft und Gesindedienst auszudehnen.

Kinderarbeit
in: Neue Bahnen
37. Jg., Nr. 7, 1. April 1902, S. 81 f

In diesem Beitrag stellt Alice Salomon Ergebnisse von Untersuchungsberichten zusammen, aus denen das Ausmaß der Kinderarbeit sowie deren schädlicher Einfluß auf die gesundheitliche, seelische und moralische Verfassung der Kinder hervorgeht. Sie fordert die Leser auf, im Interesse des gesamten Volkes die Forderung nach Einschränkung bzw. Verbot der Kinderarbeit zu unterstützen.

Jugendfürsorge

Jugendpflege und Jugendgemeinschaften, Beziehungen und Zusammenhänge
in: Die Schulkinderfürsorge als Teilaufgabe der allgemeinen Wohlfahrtspflege. Verhandlungsbericht über die am 10. und 11. Juni 1921 zu Düsseldorf vom Verein für Säuglingsfürsorge und Wohlfahrtspflege im Regierungsbezirk Düsseldorf in Gemeinschaft mit dem Zentralinstitut für Erziehung und Unterricht in Berlin und dessen Zweigstelle Essen veranstaltete Tagung.
Veröffentlichungen aus dem Gebiete der Medizinalverwaltung
15. Band, 2. Heft
Verlag Richard Schoetz, Berlin 1922, S. 121(387)-131(397)

In ihrem Vortrag behandelt Alice Salomon das pädagogische Prinzip der "Erziehung zur Selbsterziehung", wie es einerseits in den aus England und Amerika importierten Jugendklubs unter Anleitung Erwachsener praktiziert wird, und andererseits eine Forderung der Jugendbewegung ist. Sie diskutiert dieses Prinzip unter dem Gesichtspunkt der Notwendigkeit einer staatsbürgerlichen Gemeinschaftserziehung für die zukünftigen Bürger eines demokratischen Staates, für die die alte, ausschließlich auf Autorität und Unterordnung beruhende Erziehung nicht mehr angemessen ist. Allerdings betont sie im Gegensatz zur Jugendbewegung die Notwendigkeit von Autoritäts- und Führerpersönlichkeiten.

Das deutsche Jugendwohlfahrtsgesetz
in: Nachrichten des Internationalen Frauenbundes
1. Jg., Nr. 7, Oktober 1922, S. 2-3

Zusammenfassung der Bestimmungen des Reichsjugendwohlfahrtsgesetzes von 1922, in welchem Jugendhilfe, Verteilung und Überwachung der Pflegestellen, Vormundschaft und Schutzaufsicht vereinheitlicht und der Aufsicht der Jugendämter unterstellt wurden.

Klubs und Erholungsheime für jugendliche Arbeiter
in: Die Jugendfürsorge
1. Jg., Heft 9, September 1900, S. 534-541

Ausgehend von einer Beschreibung der Ziele, Organisation und Tätigkeit der englischen "Working boys' clubs" und "working girls' clubs" schildert Alice Salomon die Erfahrungen im ersten Berliner Arbeiterinnenheim (Brückenstraße 8), das 1898 nach englischem Vorbild von einem Frauenkomitee eingerichtet wurde. Das Heim bot jungen Arbeiterinnen in den Arbeitspausen und abends die Möglichkeit, sich zu erholen, sich zu unterhalten, zu lesen, Musik zu hören und selbst zu musizieren. Später wurden auch Kurse in Literatur, Philosophie, Naturwissenschaften, Hygiene, Erster Hilfe, Haushaltsführung, Schneidern, Gesang und Zeichnen eingerichtet. Ferner gab es Mahlzeiten für geringes Entgelt, über deren Verkauf gleichzeitig das Heim zum großen Teil finanziert wurde sowie kleine Feste zu besonderen Anlässen, wie Weihnachten und Sylvester. Für Alice Salomon sind solche Clubs eine notwendige Einrichtung für die jugendlichen Arbeiter, die vor allem in den Großstädten abends sittlichen und gesundheitlichen Gefahren ausgesetzt sind, solange es keine Einrichtungen gibt, die ihnen die fehlende Häuslichkeit ersetzen. Die bereits bestehenden vier überkonfessionellen und überparteilichen Arbeiterinnenheime in Berlin und einige weitere in anderen deutschen Städten sind trotz der Erfolge und positiven Erfahrungen erst kleine Anfänge.

Die Jugendlichen in der Sozial- und Kriminalpolitik
in: Die Frau
10. Jg., Heft 7, April 1903, S. 430-433

Der Artikel ist gedacht als eine Zusammenstellung von Tatsachenmaterial zu Problemen der Jugendkriminalität und soll die Möglichkeit bieten, sich über die bevorstehende Strafrechtsreform ein Urteil zu bilden. Alice Salomon faßt die Ergebnisse einer Studie von Arthur Dix: Die Jugendlichen in der Sozial- und Kriminalpolitik (1902) zusammen. Die Studie enthält Statistiken über die Zunahme der Eigentums- und Körperverletzungsdelikte bei Jugendlichen, über die Rückfallquote, die Herkunft und das Alter der Straftäter. Gleichzeitig werden Maßnahmen vorgeschlagen, wie die Jugendkriminalität bekämpft und verhindert werden kann: durch erweiterte Fürsorgeerziehung, bedingte Verurteilung (Aussetzung der Strafe auf Bewährung) und Heraufsetzung der Strafmündigkeit von 12 auf 18 Jahre.

Kapitel 3

Familie - Lebensformen

Familienforschung der "Deutschen Akademie für soziale und pädagogische Frauenarbeit"

Forschungen über "Bestand und Erschütterung der Familie in der Gegenwart"
herausgegeben von Alice Salomon

In der Einleitung zum ersten Band gibt Alice Salomon eine Einführung über Ziel und Zweck der Forschungen der Deutschen Akademie für soziale und pädagogische Frauenarbeit und über "Bestand und Erschütterung der Familie in der Gegenwart". Sie wurden unternommen, um der Diskussion über die soziale Bedeutung der gegenwärtigen Familie eine wissenschaftliche Grundlage zu geben, indem zunächst einmal die Tatsachen festgestellt werden sollen, wie sich das Familienleben, unabhängig von Meinungen und Werturteilen, gestaltet. Die Hauptfragestellung der Forschungen ist, ob es sich bei der vorhandenen Familienform um einen historisch überholten Rest früherer sozialer Ordnung handelt, der sich notwendig unter den neuen Bedingungen auflöst, oder ob die Familie einen Umwandlungsprozeß durchmacht, der sie stärkt, indem er ihr neue Funktionen zuweist. Eine Klärung dieser Frage ist notwendig als Entscheidungsgrundlage für die Kultur- und Sozialpolitik.

Die Studentinnen der Akademie und die Frauenberufsvereinigungen von Ärztinnen, Juristinnen, Sozialarbeiterinnen und Lehrerinnen, die sie tragen, sind besonders an einer Klärung dieser Frage interessiert, da vor allem sie in ihrer Arbeit mit der Leistungsfähigkeit und dem Versagen der Familie konfrontiert sind. Gleichzeitig gibt die Arbeit ihnen die Möglichkeit, tiefer in die Verhältnisse einzelner Familien, ihre psychische und soziale Situation einzudringen, ohne deren Kenntnis eine Beurteilung unmöglich wäre. Für die gesamte Forschungsarbeit wurde ein vorläufiger Plan aufgestellt, der verschiedene Forschungsmethoden vorsah: Monographien einzelner Familien, Untersuchungen über Teilprobleme, Zusammenstellung des statstischen Materials über die Familie. Insgesamt erschienen dreizehn Bände:

Band I: **Das Familienleben in der Gegenwart**
182 Familienmonographien, herausgegeben von Alice Salomon und Marie Baum unter Mitarbeit von Annemarie Niemeyer und anderen
Verlag F. A. Herbig, Berlin 1930, 384 S.

In der Einleitung beschreibt Alice Salomon Ziel und Methoden dieser Untersuchung. Anhand von Gesamtbildern einzelner Familien soll das Wesen der modernen Familie erfaßt werden und zwar unter dem Gesichtspunkt der Festigkeit des Familienzusammenhangs. Es geht darum festzustellen, ob die moderne Familie, deren traditioneller ökonomischer Zusammenhang verlorengegangen ist, andere Inhalte und Kräfte entwickelt hat, die die Familienmitglieder aneinander binden, ob ihre Leistungsfähigkeit als soziale Institution weiterhin besteht, oder ob die ökonomischen Veränderungen und zunehmende Atomisierung der Individuen sie überflüssig gemacht hat. Die Forschung geht dabei nicht von vorhandenen Schwierigkeiten aus, sie will nicht die Möglichkeiten einer Therapie erkunden, sondern zunächst einmal den Status Quo feststellen und beschreiben. Die untersuchten Familien sollen in ihrem gesamten Lebenszusammenhang erfaßt werden: die ökonomischen, rechtlichen und moralischen Bedingungen der Zeit, wirtschaftliche Lage, Klassenzugehörigkeit, Umwelt und Verwandte der Familie, Bildungsstand und Religion, die Anlagen, Interessen, Gewohnheiten und Ideale der einzelnen Familienmitglieder, ihre Beziehungen untereinander.

Besonderes Gewicht wird dabei nicht so sehr auf die Beziehungen der Ehegatten untereinander, sondern auf die von Eltern und Kindern gelegt, da es eben gerade der biologisch-kulturelle Zusammenhang von Eltern und Kindern ist, der als Familienzusammenhang begriffen wird, und das Schicksal der Familie und ihre soziale Bedeutung von diesem Zusammenhang der Generationen abhängt.

Die Untersuchungen fanden in den Monaten April bis Dezember 1929 und Anfang des Jahres 1930 statt. Entsprechend dem Forschungsziel wurden nicht einzelne Problemfamilien oder besonders vorbildliche Familien ausgewählt, sondern Arbeiter-, Bauern- und Mittelstandsfamilien eines Häuserblocks, einer Straße, eines Dorfes, die Kinder einer Schulklasse. Die Mitarbeiterinnen erhielten keinen Fragebogen, den sie den Familien zur Beantwortung vorlegen mußten, sondern nur allgemeine Richtlinien, wie sie die über einen längeren Zeitraum mit den Familien geführten persönlichen Gespräche auswerten sollten. Diese Richtlinien sind im Anhang abgedruckt.

Der erste Teil des Forschungsberichts enthält 70 monographische Darstellungen von Familien aus Berlin, die unter der Leitung von Alice Salomon erstellt wurden. Untersucht wurden die Familien einer Grundschulklasse, der Klasse einer Kinderpflegerinnenschule und die eines Berliner Hauses. Außerdem schrieben Schülerinnen eines Kindergärtnerinnenseminars Selbstdarstellungen ihrer Familien. Der zweite Teil enthält monographische Darstellungen von Familienbildern aus städtischen und ländlichen Verhältnissen Nord- und Mitteldeutschlands. Ebenfalls unter der Leitung von Alice Salomon wurden die Vorstadt einer mitteldeutschen Kleinstadt, eine Siedlung in einer norddeutschen Hafenstadt und ländliche Familien in Norddeutschland untersucht.
Die von Marie Baum geleitete Untersuchung enthält Familienmonographien aus Süd- und Mitteldeutschland: ein süddeutschen Dorf, eine Straße einer Vorstadtsiedlung, ein städtisches Haus zur Aufnahme wohnungsloser Familien.
Einleitung zum ersten Band der Forschungen über Bestand und Erschütterung der Familie in der Gegenwart unter dem Titel:

Ausgangspunkt und Ziel der Familienforschungen der deutschen Frauenakademie
in: Deutsche Zeitschrift für Wohlfahrtspflege
6. Jg., Nr. 5, August 1930, S. 283-290

Auszug aus dem ersten Kapitel unter dem Titel:

Bestand und Erschütterung der Familie in der Gegenwart
in: Die Frau
37. Jg., Heft 10, Juli 1930, S. 577-584

Band II: **Zur Struktur der Familie**
Statistische Materialien, Von Dr. Annemarie Niemeyer
Verlag F. A. Herbig, Berlin 1931, 176 S.

Zusammenstellung und Auswertung des statistischen Materials des Deutschen Reiches, der Länder und Kommunen aus den Jahren 1925 bis 1929, soweit es Aussagen über die Familienstruktur zuläßt. Die Auswahl und Interpretation erfolgt unter dem Gesichtspunkt der Fragestellung der Forschungen über Bestand und Erschütterung der Familie in der Gegenwart. Neben allgemeinen Daten über Familienbestand, Geschlechterverhältnis, Eheschließungen, Kinderzahl und Bevölkerungsentwicklung werden besonders die wirtschaftlichen Verhältnisse, die Wohnungsverhältnisse, die Struktur und Zusammensetzung der Familienhaushalte sowie der Beitrag der Familie zur Kindererziehung berücksichtigt.

Band III: **Die Familienverhältnisse von Kindern in Krippen, Kindergärten, Horten und Tagesheimen**
Im Auftrage des Deutschen Archivs für Jugendwohlfahrt Berlin, bearbeitet von Dr. Erna Corte.
Verlag F. A. Herbig, Berlin 1930, 72 S.

Die Mütter von rund 3000 Kindern, die in Krippen, Kindergärten, Horten und Tagesheimen in verschiedenen deutschen Städten untergebracht sind, wurden über ihre familiäre Situation befragt, sowohl über die materielle Lage wie Erwerbstätigkeit, Einkommen, Wohnverhältnisse, als auch über Größe und Zusammensetzung der Familie und die Beziehung der Familienmitglieder untereinander. Hauptziel der Untersuchung war herauszufinden, warum die Kinder in den Tagestätten untergebracht werden.

Band IV: **Der Jugendliche in der Großstadtfamilie**
Auf Grund von Niederschriften Berliner Berufsschüler und -schülerinnen im Auftrage des Deutschen Archivs für Jugendwohlfahrt Berlin, bearbeitet von Günter Krolzig
Verlag F. A. Herbig, Berlin 1930, 160 S.

Rund 2000 Jugendliche aus Berufsschulklassen aller Berliner Stadtteile wurden aufgefordert, Aufsätze über ihr Verhältnis zum Elternhaus zu schreiben. Im I. Teil dieses Bandes sind einige vollständige Niederschriften abgedruckt und zwar geordnet nach familiär gebundenen Jugendlichen und Jugendlichen, deren Familienbeziehungen aus unterschiedlichen Gründen gespannt oder gelöst sind. Im II. Teil werden sämtliche Niederschriften im Hinblick auf die Fragestellung der Forschungen über Bestand und Erschütterung der Familie ausgewertet, vor allem unter dem Gesichtspunkt der Gründe für einen gefestigten oder gelösten Familienzusammenhang.
Das Buch soll jedoch in erster Linie eine Materialsammlung sein; die Aussagen der Jugendlichen sind das Wesentliche. Sie geben einen Einblick in die Probleme der Jugendlichen Ende der 20er Jahre.

Band V: **Rhythmus des Familienlebens**
Das von einer Familie täglich zu leistende Arbeitspensum.
von Marie Baum und Alix Westerkamp
Verlag F. A. Herbig, Berlin 1931, 191 S.
Der Band vereinigt die Ergebnisse von zwei Untersuchungen. In der von Marie Baum durchgeführten Untersuchung wurden 38 Familien aus der Mittelschicht, aus der großstädtischen Arbeiterschaft und aus einer Vorstadtsiedlung aufgefordert, eine Woche lang einen Stundenplan über die Tätigkeit aller Familienmitglieder im Hause zu führen. Eingetragen werden sollten die Zeiten, die für schwere und leichte Hausarbeit, Kinderpflege, handwerkliche Arbeit, rechnende und einteilende Arbeit, häusliche Besorgungen, Gartenarbeit, geistige Arbeit und Schularbeiten, Mahlzeiten, Spiel, Entspannung und Bad verwandt werden. In den Mittelschichtsfamilien führte die Hausfrau den Stundenplan selbst, in den anderen Familien halfen der Familie bekannte und vertraute Personen. Die zweite Untersuchung wurde unter der Leitung von Alix Westerkamp von einer Nachbarschaftsorganisation in einem Arbeiterviertel durchgeführt. Mitarbeiter der Organisation halfen 32 ihnen bekannten Arbeiterfamilien beim Ausfüllen eines Stundenplans über ihre täglichen Arbeiten im Hause. Ziel beider Untersuchungen war festzustellen, welche notwendigen Arbeiten in einem modernen Haushalt noch zu verrichten sind, ob und wie sie bewältigt werden.

Band VI: **Die Zusammensetzung des Familieneinkommens**
von Dr. Agnes Martens-Edelmann
Schlußbetrachtung von Alice Salomon, S. 74-76
Verlag R. Müller, Eberswalde bei Berlin 1931, 76 S.

Bereits vorhandene Statistiken über das Familieneinkommen in Landarbeiter-, Arbeiter-, Angestellten- und Beamtenfamilien werden daraufhin untersucht, welchen Anteil die einzelnen Familienmitglieder zum Familieneinkommen leisten und in welcher Form das geschieht: ob in außerhäuslicher Erwerbstätigkeit, als mithelfende Familienangehörige, haupt- oder nebenberuflich, Einkommen aus Garten und kleiner Landwirtschaft, Sparguthaben, Renten, Natural- oder Geldeinkommen. Ein Ergebnis der Untersuchung ist, daß der prozentuale Beitrag von Frauen und Kindern zum Familieneinkommen umso höher liegt, je geringer das Einkommen des Mannes ist. Ferner wertet die Autorin eigene Erhebungen in 69 Familien aus, wobei sie vor allem auch die von den Familienmitgliedern unentgeltlich für den Haushalt geleistete Arbeit berücksichtigt, die sie in Geldwert auszudrücken versucht. Das Ergebnis ist, daß unter Berücksichtigung der Haushaltstätigkeit Frauen und Kinder bis zu 50% zum Familieneinkommen beitragen. In der Schlußbetrachtung hebt Alice Salomon die Bedeutung dieser Untersuchungsergebnisse im Zusammenhang mit den Forschungen über Bestand und Erschütterung der Familie hervor.

Band VII: **Über die häusliche Hilfeleistung von Kindern**
von Margret Barth und Annemarie Niemeyer
Verlag R. Müller, Eberswalde bei Berlin, 1932, 44 S.

Rund 1000 Kinder und Jugendliche und deren Familien aus Berliner Kindergärten, Schulen und Berufsbildungsstätten wurden über ihre Mitarbeit im Haushalt befragt und zwar über Art, Dauer und Gründe der Tätigkeit sowie über ihre Beziehung zu der Arbeit. Letztere Frage war für die Forschungen über Bestand und Erschütterung der Familie von besonderer Bedeutung, da eine positive bzw. negative Einstellung des Kindes zur Hausarbeit Aufschluß über den Familienzusammenhalt geben sollte. Die Untersuchung führte zu dem Ergebnis, daß die Art der häuslichen Hilfeleistung der Kinder als Ausdruck der familienerhaltenden Kräfte gewertet werden kann.

Band VIII: **Heimlosigkeit und Familienleben**
Allgemeine Untersuchung von Hanna Meuter
Verlag R. Müller, Eberswalde o. J., 88 S.

Dieser Band bildet inhaltlich eine Einheit mit Band IX, der Einzeluntersuchung über "Heimlose Männer". Die allgemeine Untersuchung ist eine soziologische Analyse verschiedener Typen von Heimlosigkeit. Sie wurde in den Jahren 1929 bis 1932 in elf deutschen Großstädten durchgeführt, und das Material ist weitgehend bestimmt durch die Situation der Weltwirtschaftskrise. Das Material setzt sich zusammen aus den Akten staatlicher und freier Wohlfahrtsinstitutionen und aus Fragebögen, die an, nach bestimmten Merkmalen unterschiedene, heimlose Personengruppen verteilt wurden: alleinstehende Jugendliche, alleinstehende Erwachsene, Familien, heimlose Personen außerhalb der sozialen Einrichtungen, heimlose Ruhrkriegsopfer. Bei der Untersuchung wurde großer Wert auf qualitative Aussagen gelegt. Aufgrund dieses Materials wurden für jede der Gruppen Typen von Heimlosigkeit herausgearbeitet unter der Hauptfragestellung, inwieweit die Heimlosigkeit auf einen sozialen Notstand, auf die Krise der Familie zurückzuführen ist.

Band IX: **Heimlose Männer**
Einzeluntersuchung: Die Heimstatt der Arbeiterwohlfahrt
Köln-Deutz, von Ventur Schaidnagl
Verlag R. Müller, Eberswalde bei Berlin, o. J., 77 S.

Der Band ergänzt Band VIII, die allgemeine Untersuchung über "Heimlosigkeit und Familienleben". Ventur Schaidnagl, Leiter der 1924 gegründeten Heimstatt Arbeiterwohlfahrt in Köln-Deutz, berichtet über Ziele und Erfahrungen dieser Institution für heimlose Männer. Ihr Ziel ist es, den Männern nicht nur ein Obdach, sondern ein Heim zu bieten, ausgehend von der Unterscheidung von Obdachlosigkeit als objektivem Tatbestand und Heimlosigkeit als einem subjektiven Empfinden des Verlusts von Zugehörigkeit und Gemeinschaft. Das Heim war gewissermaßen eine Pioniereinrichtung der Arbeiterwohlfahrt. Man ging davon aus, daß die traditionelle Familie nicht unter allen Umständen wiederhergestellt werden sollte, sondern daß neue Formen kollektiven Zusammenlebens entwickelt werden müßten.
Beschrieben werden die Herkunft der Heimlosen, typische Entwicklungen, die zur Heimlosigkeit führten, wobei die Heimbewohner nach Berufsgruppen unterschieden werden. Aufgrund des Zusammenhangs mit den Forschungen der Deutschen Akademie werden besonders die Familienverhältnisse als Ursache der Obdach- und Heimlosigkeit und das Verhältnis der Heimlosen zur Familie während des Heimaufenthalts berücksichtigt.

Band X: **Familienverhältnisse geschiedener und eheverlassener Frauen**
42 Schicksale aus einer Berliner Fürsorgestelle,
bearbeitet von Dr. Elisabeth Frank
Verlag R. Müller, Eberswalde bei Berlin, o. J., 68 S.

Das Material zu dieser Untersuchung stammt aus einer privaten Berliner Fürsorgestelle, der Zentrale für private Fürsorge, aus den Jahren 1930 und 1931. Die Weltwirtschaftskrise hat die ökonomische Lage fast aller Bevölkerungsschichten verschlechtert, die Zahl der geschiedenen und getrennt lebenden Frauen hat sich erhöht, Verwandte sind kaum noch in der Lage, sie zu unterstützen, und eine Arbeit zu finden ist für die Frauen so gut wie aussichtslos, so daß sie in immer größerer Zahl auf die Hilfe von Fürsorgestellen angewiesen sind. Im ersten allgemeinen Teil der Untersuchung werden die Lebensverhältnisse der Frauen, ausgehend vom Material der 42 Einzelschicksale, beschrieben: Alter, soziale Schicht, Herkunft, wirtschaftliche Lage, Wohnungsverhältnisse, Gesundheitszustand, Verhältnis zu den Kindern und zum geschiedenen Ehemann. Im zweiten Teil folgen die Einzeldarstellungen der 42 geschiedenen und getrennt lebenden Frauen. Dieser Band ist der erste Teil einer umfassenderen Forschung über die Situation alleinstehender Mütter.

Band XI: Erwerbstätige Mütter in vaterlosen Familien
 von Elisabeth Lüdy
 Verlag R. Müller, Eberswalde bei Berlin, o. J., 111 S.

An Fallbeispielen werden die Lebensverhältnisse alleinstehender Mütter untersucht. Es handelt sich dabei um verwitwete, geschiedene, getrennt lebende und ledige Mütter aller sozialer Schichten. Untersucht werden Einkommens- und Wohnungsverhältnisse, gesundheitlicher und psychischer Zustand von Müttern und Kindern, das Verhältnis der Mütter zu ihren Kindern und die Beziehungen des Vaters zur Familie. Außerdem wird die Beeinflussung des Familienlebens durch die außerhäusliche Arbeit der Mütter - getrennt nach Volltags- und Halbtagsarbeit - untersucht. Die Umfrage wurde im Winter 1927/1928, einer Zeit noch relativ günstiger wirtschaftlicher Bedingungen, in einem Berliner Vorort durchgeführt und diente der Klärung der Hauptfragestellung, inwieweit die alleinstehenden Mütter ihre Doppelaufgabe - Berufstätigkeit und Kindererziehung - bewältigen können. Im Anschluß an die Untersuchungsergebnisse werden folgende sozialpolitischen Forderungen für alleinstehende Mütter erhoben: Schaffung von Halbtags- und Heimarbeitsplätzen, Einstellungszwang und Kündigungsschutz, zusätzliche Zahlung einer staatlichen Unterhaltsrente, Verbesserung der Wohnverhältnisse durch Einrichtung kleiner Wohngemeinschaften, Förderung des Zusammenlebens von Mutter und Kind, gesellschaftliche Anerkennung der mütterlichen Arbeitskraft, die angemessen entlohnt werden muß.

Band XII: Die hauswirtschaftliche und Mutterschaftsleistung der Fabrikarbeiterin
 von Dora Hansen-Blancke
 Verlag R. Müller, Eberswalde bei Berlin, o. J., 40 S.

Die Arbeit untersucht die Frage, inwieweit die außerhalb des Hauses erwerbstätige Fabrikarbeiterin bereit und in der Lage ist, ihre Aufgaben im Haushalt und in der Kindererziehung zu erfüllen. 311 Fabrikarbeiterinnen aus neun Betrieben wurden befragt, welche Tätigkeiten sie im Haushalt mit welchem Zeitaufwand und mit welcher Hilfe von Familienmitgliedern ausführen, wie sich die Doppelbelastung auf ihre Gesundheit, Erholung und auf die Kinderzahl auswirkt, ob sie lieber "Nur-Hausfrau" sein möchten und welche die Motive für die Erwerbstätigkeit sind. Diese Arbeit ergänzt Band VI über die "Zusammensetzung des Familieneinkommens".

Band XIII: **Lebensverhältnisse lediger Mütter auf dem Lande**
von Marga Meusel
Verlag R. Müller, Eberswalde bei Berlin, 1933, 64 S.

Die Untersuchung erfolgte im Herbst 1931 und bezieht sich auf 99 ledige Mütter in einem Landkreis der Provinz Brandenburg, die mit ihren Kindern zusammenleben. Hauptfragestellung war die gefühlsmäßige Verbindung von Mutter und Kind sowie die Frage, inwieweit in dieser Gemeinschaft pflegerisch-erzieherische und wirtschaftliche Funktionen erfüllt werden. Den größten Teil des Untersuchungsberichts machen die Einzeldarstellungen der Lebensverhältnisse der 99 ledigen Mütter aus. An eine kurze Zusammenfassung schließen sich sozialpolitische Forderungen an: Soweit die ledigen Mütter nicht bei verwandten Familien wohnen können, was für sie und das Kind in jedem Fall die gesichertste Stellung bedeutet, sollen die Organisationen der freien Wohlfahrtspflege ihren größeren Einrichtungen kleine Stationen für Mutter und Kind eingliedern, wo sie wohnen und betreut werden können. Außerdem wird eine gesetzliche Gleichstellung der ledigen mit der verheirateten Mutter gefordert, die die ledige Mutter zwar nicht privilegiert, aber ihr ein Zusammenleben mit ihrem Kind ermöglicht.

Bericht über die Forschungsabteilung
in: Deutsche Akademie für soziale und pädagogische Frauenarbeit, Bericht über die Entwicklung von 1925 bis 1930, S. 30-32

Bericht über Mitarbeiter, Finanzierung und bisherige Ergebnisse der Forschungen über "Bestand und Erschütterung der Familie in der Gegenwart".

Forschungen über "Bestand und Erschütterung der Familie in der Gegenwart"
Comitato italiano per lo studio dei problemi della popolazione.
Roma, Istituto Poligrafico dello Stato, 1932, Anno X, 11 S.

Erläuterung von Forschungsziel und Forschungsmethoden des Bandes I der Forschungen über "Bestand und Erschütterung der Familie in der Gegenwart". Ferner werden die ersten sechs bisher erschienenen Bände der Forschungen mit kurzen Angaben über Inhalt, Methoden und Ergebnisse vorgestellt. Es folgt eine Zusammenfassung der bisherigen Forschungsergebnisse, aus denen Alice Salomon den Schluß zieht, daß die Anpassung der Funktionen der Familie an die veränderten Lebensbedingungen trotz aller Konflikte zu gelingen scheint.

Forschungen über "Bestand und Erschütterung der Familie in der Gegenwart"
in: Atti del Congresso Internazionale per gli Studi sulla popolazione.
(Roma, 7-10 Settembre 1931 - IX). Volume VIII, Sezione di
Sociologia. Roma, Istituto Poligrafico dello Stato.
1933 - Anno XI, S. 27-35

Beitrag zu o. g. Kongreß über Bevölkerungsfragen und Bevölkerungsentwicklung im Zusammenhang mit der Entwicklung der Familie.

Die Familie in der privaten Fürsorge
in: Zweite Internationale Konferenz für Soziale Arbeit, Frankfurt am Main, 10. bis 14. Juli 1932
Verlag G. Braun, Karlsruhe 1933, S. 386-394

Der Vortrag befaßt sich mit der Bedeutung der privaten Familienfürsorge gegenüber der öffentlichen. Die private Fürsorge ist es vor allem, die auf die familienerhaltenden Faktoren, die über die rein materielle Funktion hinausgehen, einwirken kann, nämlich auf die Beziehungen der Ehegatten untereinander, die Beziehungen von Eltern und Kindern, die Beziehungen der Familie zur Gesellschaft. Die Notwendigkeit der privaten Fürsorge ergibt sich ferner aus der finanziellen Überbelastung der öffentlichen Träger, aus ihrer Möglichkeit zu individualisierenden Maßnahmen angesichts der Massennot, aus ihrer auf einer Weltanschauung beruhenden Kollektivverantwortung und ihrer unbürokratischen Organisation, die neue Initiativen ermöglicht.

Die Frau im modernen Wirtschaftsleben

Die Kunst zu leben
in: Westermanns Monatshefte,
71. Jg., Juni 1927, S. 401 ff

Die "Kunst zu leben" besteht für Alice Salomon in der Fähigkeit, sich den jeweiligen Umständen anzupassen, in veränderten Lebensumständen selbständig eine angemessene Entscheidung zu treffen und sein Schicksal aktiv zu bejahen.
Nach jahrhundertelanger Abhängigkeit von Elternhaus und Familie müssen Frauen diese "Kunst zu leben" in den meisten Bereichen erst lernen. Alice Salomon beschreibt diese Schwierigkeiten am Beispiel der Berufswahl und der wirtschaftlichen Unabhängigkeit und berichtet dann, was Selbständigkeit für die alleinstehende Frau, für die Ehefrau und für die Witwe bedeutet.

Die Familie als Träger des Wirtschaftslebens
(Die Frau im modernen Wirtschaftleben I)
in: Neue Bahnen
43. Jg., Nr. 1, 1. Januar 1908, S. 2 ff

Dies ist der erste Beitrag zu einer Artikelserie, in der Alice Salomon Funktion und Situation der Frau im modernen Wirtschaftsleben behandelt.
Zum Beitrag selbst: die Familie entwickelt sich in wirtschaftlicher, sozialer und rechtlicher Hinsicht von der wichtigsten Produktionsgemeinschaft zur modernen Kleinfamilie, die zwar noch einige wirtschaftliche Funktionen hat, aber im Grunde zu einer Konsumgemeinschaft geworden ist. Statt der Bedeutung, Erzeuger wirtschaftlicher Güter zu sein, hat die Familie zusehends "idealistische" Inhalte bekommen, zum Beispiel verstärkte Erziehungsaufgaben. Diese Aufgaben muß die Familie erfüllen, sie muß zu einer sittlichen Lebensgemeinschaft werden, wenn sie ihre Existenzberechtigung behalten soll.

Die moderne Unternehmung als Träger des Wirtschaftslebens
(Die Frau im modernen Wirtschaftsleben II)
in: Neue Bahnen
43. Jg., Nr. 3, 1. Februar 1908, S. 2 ff

Der Beitrag behandelt die Herausbildung des modernen Großunternehmens im Gefolge von Urbanisierung und Industrialisierung, welche nach und nach die ehemaligen wirtschaftlichen Funktionen der Familie übernommen haben. Alice Salomon versucht vor allem zu erklären, aus welchem Grunde die Hauswirtschaft ihre produktive Funktion an die moderne Industrie abgegeben hat und erklärt dies einerseits durch die rentablere Wirtschaftsweise des Unternehmens sowie durch seine Zielsetzung und die Orientierung auf den Gewinn.

Die Produktionssphäre der Hausfrau auf dem Lande
(Die Frau im modernen Wirtschaftsleben III)
in: Neue Bahnen
    43. Jg., Nr. 5, 1. März 1908, S. 36 ff

Hier erörtert Alice Salomon die Frage, wie sich durch die Herausbildung der modernen Industrie die Produktionssphäre der Hausfrau verändert hat. Sie beginnt mit den Landfrauen, deren Arbeitsbereich noch weitgehend sehr vielseitige produktive Tätigkeiten umfaßt und stellt dar, wie - abgesehen von der Landarbeiterin - die Bäuerin und die Gutsbesitzerin durch ihre Arbeitsleistung entscheidend zum Wohlstand ihrer Familien und Hauswirtschaften beitragen und von daher trotz aller formalen rechtlichen Nachteile (nach Meinung von Alice Salomon) die am wenigsten unterdrückten Frauen sind.

Die Produktionssphäre der Hausfrau in der Stadt
(Die Frau im modernen Wirtschaftsleben IV)
in: Neue Bahnen
    43. Jg., Nr. 6, 15. März 1908, S. 42 ff

Alice Salomon teilt hier die städtischen Hausfrauen in drei Kategorien ein: die Frauen der unteren Arbeiterschichten, die Frauen der oberen Arbeiter-, Handwerker- und besitzlosen Mittelschichten sowie die Frauen des Besitzbürgertums. Nach Alice Salomons Ansicht hat sich nur der Produktionsbereich der untersten und der der obersten Schicht verändert. Die Arbeiterfrauen führen eine sehr rudimentäre Hauswirtschaft, um eine Arbeit als Heim- oder Fabrikarbeiterin annehmen zu können, während die Frauen der Oberschicht in Familie und Gesellschaft ausschließlich eine parasitäre Existenz führen.
Für die Frauen der Mittelschichten hat jedoch die Hausarbeit ihre Bedeutung behalten, auch wenn ihre Funktion sich verändert hat. Ein ge-

hobener Lebensstil und die Anforderungen, die nun an die Erziehung der Kinder gestellt werden, fordern ihre ganze Kraft, insbesondere da sich diese Frauen keine Dienstmädchen leisten können.[14]

Die Revolution der Hauswirtschaft
in: Die neue Rundschau
20. Jg., 1. Band, Heft 3, März 1909, S. 418 ff

In diesem Beitrag beschreibt Alice Salomon zunächst auf sehr witzige Weise, wie die zunehmende Technisierung und fortschreitende Arbeitsteilung auch vor der Hauswirtschaft nicht haltgemacht hat: Wohlhabende Familien kaufen sich jetzt "Vakuum-Entstauber" und anderes. Alice Salomon meint, daß dieser Entwicklung Grenzen gesetzt sind. Nicht nur, weil die Gemütlichkeit des deutschen Heims bedroht werde. Die Grenzen der Automatisierung sieht sie besonders in der Kinderbetreuung, die nicht nach technischen Erfordernissen funktionieren kann.

Außerdem betont sie, daß der Bereich der Familie einen Gegenpol zu den sinnentleerten Tätigkeiten der Industrie bildet, deshalb erhalten bleiben muß und nicht wegrationalisiert werden kann.

Zur Eröffnung der Ausstellung "Die Frau in Haus und Beruf"
in: Centralblatt des Bundes deutscher Frauenvereine
13. Jg., Nr. 22, 20. Februar 1912, S. 173 ff
und die erste Seite der Beilage

---

14   Zum Fortgang der Serie: "Die Frau im modernen Wirtschaftsleben";
die Beiträge V bis XVI sind in folgenden Teilen untergebracht:
- V   "Die gewerbliche Berufsarbeit der Frau" und
- VI   "Die Frau in der Großindustrie" siehe Teil I/2 Frau und Beruf
- VII   "Die Arbeiterinnenfrage" siehe Teil IV/5 Fabrikarbeit
- VIII   "Die Frau im Handelsgewerbe" und
- IX   "Öffentlicher Dienst und soziale Berufe" und
- X   "Probleme der weiblichen Berufsarbeit" siehe Teil I/2 Frau und Beruf
- XI   "Konsumentenpflichten" und
- XII   "Konsumentensorgen" und
- XIII   "Zollpolitik und Hauswirtschaft" und
- XIV   "Was gehen uns die Kartelle an" und
- XV   "Konsumgenossenschaften" und
- XVI   "Die Frau als Steuerzahler" siehe Teil I/3 Öffentliches Leben.

Kurz vor der Eröffnung der Ausstellung "Die Frau in Haus und Beruf" im Februar 1912 in Berlin, gibt Alice Salomon einen Überblick über Zweck und Ziel der Ausstellung sowie deren Vorbereitungen. Die Ausstellung soll die Arbeit der Frauen in allen gesellschaftlichen Bereichen sichtbar machen: Hausarbeit, Berufsarbeit, Kunst und Literatur, um damit zu demonstrieren, daß die Frauenarbeit im gesellschaftlichen Leben unentbehrlich ist. Alice Salomon beschreibt, wie bei der Ausrichtung dieser Ausstellung Hunderte von Frauen aus allen gesellschaftlichen Bereichen zusammengewirkt haben, Organisations- und Gestaltungstalent bewiesen und wie es ihnen gelungen ist, sich neue Techniken der Repräsentation auszudenken, um auch die sogenannten "unsichtbaren" Arbeiten darzustellen.

Neue Lebensformen[15]

Soziale Diagnose
aus dem Kapitel: Die Kunst zu leben
3. Band, 2. Auflage 1927
Carl Heymanns Verlag

Genauso schwierig und so andauernd ist der Vorgang der Anpassung der Unverheirateten an das Leben. Für die Frau beginnt es gewöhnlich, wenn sie etwa 30 Jahre alt ist. Alles, was sie bis dahin erlebt hat, trägt den Charakter der Vorbereitung, des Provisorischen. Sie ist gereift, aber nicht so fest geformt, daß Anpassung an einen anderen Menschen ihr zu schwierig erscheint. Natur und Sitte weisen sie auf die Heirat hin. Aber vielleicht fügt das Schicksal, daß sie dem Mann nicht begegnet, dem sie ihr Leben anvertrauen kann. Während langer Jahre bestimmt die Möglichkeit der Verheiratung ihre Pläne. Eine endgültige und grundsätzliche Entscheidung kann in dieser Frage überhaupt kaum getroffen werden. Sie taucht immer wieder am Horizont der Frau auf, oder sie könnte jedenfalls auftauchen. Unterdessen gibt die Frau sich ihrem Beruf nicht mit der gleichen unteilbaren Entschlossenheit hin wie der Mann. Oft bemächtigt sich ihrer ein Gefühl der Ungewißheit über die Zukunft oder des Mißerfolgs, und sie wird im Verkehr mit anderen überempfindlich. Am schwersten aber ist der Mangel eines Ventils für ihr Gemütsleben zu überwinden. Die Seelenstrukturen, die sich bei der Frau, die heiratet, dem Geliebten, dem Gatten, den Kindern erschließen, suchen bei der Unverheirateten irgendeine Ausdrucksform. Um so entscheidender werden für sie die Beziehungen zu Eltern und anderen Angehörigen, ihre Freundschaften, besonders solche mit Frauen. Je äl-

---

15 Geschiedene und alleinlebene Frauen siehe auch unter Familienforschung der "Deutschen Akademie für soziale und pädagogische Frauenarbeit" in diesem Kapitel; ledige Frauen siehe in Teil IV/1 Mutterschutz.

ter sie wird, desto seltener wird in der Regel ihr Verkehr mit Männern. Sie braucht deshalb mehr als die verheiratete Frau andere Interessen, um die Gefahr einer Verkapselung der Seele zu verhüten, die sich entweder in einer Abstumpfung gegen die Menschen oder in einem ungesunden Gefühl für eine Frau äußern kann. Es bedeutet etwas, wenn eine Frau durch die Klippen eines unverheirateten Daseins ohne Schädigung hindurchsteuert, sich das Glück würdiger und herzlicher Freundschaften erwirbt, in ihrem Temperament und ihrer ganzen Haltung wohlwollend und harmonisch bleibt.

(Originaltext Alice Salomon)

Die Ledige im Lichte der Generationen
in: Nachrichten des Internationalen Frauenbundes
11. Jg., Nr. 3, November 1932, S. 25-26

Alice Salomon zeichnet hier den Weg der unverheirateten Frau von der alten Jungfer bis zur modernen ledigen Frau, der alle Möglichkeiten einer beruflichen Karriere und der Entwicklung ihrer Persönlichkeit offenstehen, nach. Ihre eigene Generation betrachtet sie in dieser Hinsicht als Pionierinnen. Allerdings sieht sie einen Unterschied zur jungen Frauengeneration darin, daß die früheren Generationen sich der sozialen Arbeit zuwandten und ihr Leben in den Dienst der Gemeinschaft stellten, u. a. um den Beweis für die Leistungsfähigkeit ihres Geschlechts zu erbringen. Der Verzicht auf Ehe, Mutterschaft und das geschlechtliche Erleben ist ihnen nicht schwergefallen, und sie haben auch, entgegen allen psychologischen Theorien, keinen seelischen Schaden davongetragen. Die jüngere Generation entwickelt ihrer Ansicht nach demgegenüber mehr individualistische Interessen, stellt die Persönlichkeitsentfaltung in den Vordergrund und meint, daß auch die ledige Frau auf das Geschlechtsleben nicht verzichten kann.

Kameradschaft in der Ehe
in: Westermanns Monatshefte
71. Jg., März 1927, S. 18 ff

Der Beitrag behandelt die Veränderung des Ehe-Ideals, insbesondere aus der Sicht der Frauen, für die die Ehe keine Versorgungseinrichtung mehr ist. Diese Frauen suchen eine Verbindung, die auf gemeinsamen Wegen, Überzeugungen und Interessen begründet ist. Alice Salomon meint, daß nur eine Wandlung der Ehe in diesem Sinne die Ehe als Institution erhalten kann. Alice Salomon hält die Ehe für die sittliche Grundlage des Volkes.
Andererseits weist sie auf die Probleme hin, die sich ergeben, wenn

zwei starke Persönlichkeiten mit hohen Ansprüchen ein harmonisches Zusammenleben anstreben.

Stumme Märtyrerinnen
in: Die Frau
16. Jg., Heft 5, Februar 1909, S. 264-276

In diesem Aufsatz untersucht Alice Salomon Arbeiterbiographien daraufhin, was die schreibenden Arbeiter über das Leben ihrer Ehefrauen und Mütter und ihr Verhältnis zu ihnen zu sagen haben. Abgesehen von der Tatsache, daß den meisten Arbeitern das Verhältnis zu ihren Frauen kaum der Erwähnung wert ist, daß Liebe oder zumindest Sympathie und geistige Gemeinsamkeit keine Rolle spielen, reicht die Beziehung von offener Brutalität bis zu dem günstigsten Fall der Nichtbeachtung und gedankenlosen Ausnutzung der Frau als Arbeitstier. Hier wird für Alice Salomon einmal mehr deutlich, daß die Frau, die von Natur aus schon "schwerer am Leben zu tragen hat", auch die Hauptlasten der Industrialisierung trägt, daß sie die materielle Notlage mit dem Mann teilt, aber zusätzlich durch die Last der Kindergeburten und deren Versorgung die größere Arbeitsbelastung hat, daß sie unter der Entwurzelung stärker leidet als der Mann, der in politischen Parteien und Gewerkschaften eine neue Heimat, eine neue Zukunftshoffnung und neue geistige Ideale gefunden hat, während die Frau aufgrund ihrer Isolation in Hausarbeit und Heimindustrie und aufgrund ihrer hohen Arbeitsbelastung von neuen Horizonten ausgeschlossen bleibt.

Wie die Männer sich die Frau von Morgen wünschen
in: Nachrichten des Internationalen Frauenbundes
8. Jg., Nr. 7, März 1930, S. 4-5

Besprechung des Buches "Die Frau von Morgen" (Leipzig 1929), in welchem sich Dichter und Schriftsteller zu Fragen der Frauenemanzipation äußern. Alice Salomon begrüßt die Tatsache, daß nun auch immer mehr Männer die Frauen so zu sehen beginnen, wie die Frauen der Frauenbewegung sich selbst sehen, nämlich als Führerinnen zu neuen Werten und zu einer Lebensgestaltung, die das Leben nicht vom sachlichen Standpunkt her betrachtet, sondern zu seinem Zentrum und zu seinen Quellen zurückführt. Wenn man die Frauenemanzipation in diesem Sinne versteht, wird sie nicht zu der von vielen Männern befürchteten Nivellierung und Aufhebung der Spannung zwischen den Geschlechtern führen.

Ehefrau und Mutter in der Rechtsentwicklung
in: Die Hilfe
14. Jg., Nr. 1, 5. Januar 1908, S. 3 ff

Besprechung des gleichnamigen Buches von Marianne Weber. Alice Salomon hält dieses Buch für ein grundlegendes wissenschaftliches Werk, sowohl für die Frauenbewegung, als auch für die Politik. Ausgangspunkt dieser Arbeit sind kulturhistorische Forschungen, auf deren Grundlage Forderungen nach Reformen des Geschlechterverhältnisses - insbesondere der Ehe - gestellt werden.
Alice Salomon diskutiert vor allem die Passagen, die aufgrund eines anderen theoretischen Ansatzes und anderen Quellenmaterials eine Gegenposition zu der von Engels und Bebel beschriebenen Entwicklung bilden. Danach ist die Ehe nicht ein Instrument des Mannes, der an der Weitergabe seines Privateigentums an einen legitimen Erben interessiert ist, sondern eine kulturelle Errungenschaft der Frau, mit der sie sich und ihren Kindern eine gesicherte Rechtsposition gegenüber der Willkür des Mannes erkämpft hat. Ferner ist die Rechtsstellung der Frau - wiederum im Gegensatz zu Bebel - nicht abhängig von der Höhe ihres Beitrages zur gesellschaftlichen Produktion, von ihrer ökonomischen Nutzbarkeit, sondern davon, inwieweit sich in einer Gesellschaft ein sittliches Ideal verwirklicht hat.[16]
Diese Forschungsergebnisse richten sich somit gegen die sozialistische und den radikalen Teil der bürgerlichen Frauenbewegung, die für Auflösung der Familie, freie Liebe und freie Ehe sind.

Frauenklubs
in: Centralblatt des Bundes deutscher Frauenvereine
1. Jg., Nr. 16, 15. November 1899, S. 124-126

Alice Salomon setzt sich in diesem Beitrag für die Gründung von geselligen Frauenklubs ein, die den Angehörigen aller Berufs- und Interessenkreise Möglichkeit zum Kennenlernen, zu gegenseitiger Anregung und Gedankenaustausch geben sollen und gegenüber den Frauenvereinen den Vorteil haben, nicht nur auf ein einziges Ziel gerichtet zu sein. Sie führt Erfahrungen bereits bestehender Klubs an, die zeigen,

---

16 Es geht ihr also grundlegend darum, der materialistischen Geschichtsauffassung eine idealistische entgegenzusetzen.

daß das Interesse der alleinstehenden berufstätigen Frau an diesen Einrichtungen sehr groß ist und verweist auf die "residents-clubs" in England und den Vereinigten Staaten, die auch hauswirtschaftliche Funktionen übernommen haben. Die Klubs erscheinen ihr als eine zukünftige Lebensform für die moderne, im Erwerbsleben stehende Frau.

Das Problem der Witwen- und Waisenversorgung
in: Die Frau
14. Jg., Heft 6, März 1907, S. 330-342

Ausgehend von bereits bestehenden Einrichtungen der Witwen- und Waisenversorgung - für Beamtenfamilien, für Arbeiter in staatlichen Betrieben, Knappschaftskassen und Unfallversicherung - erörtert Alice Salomon Konzepte, wie eine Hinterbliebenenfürsorge, wenn schon nicht auf alle Witwen und Waisen, so doch auf die der gesamten Arbeiterschaft ausgedehnt werden könnte. Das größte Problem ist dabei naturgemäß die Finanzierung. Als Lösung schlägt Alice Salomon eine organisatorische Angliederung der Witwen- und Waisenversicherung an die Invalidenversicherung vor, wobei Beiträge von Arbeitern und Unternehmern erhoben werden sollen, der Staat mit den Einnahmen aus dem neuen Zolltarifgesetz und die Kommunen durch die Einsparungen in der Armenversorgung für Witwen und Waisen beitragen. Ferner behandelt sie die in der Frauenbewegung umstrittene Frage, ob nicht die Witwenversorgung dem Gleichheitsanspruch zuwiderläuft, indem hier wieder eine Sonderregelung für Frauen geschaffen wird, die ihre ungleiche Beteiligung am Erwerbsleben festschreibt. Dem hält Alice Salomon entgegen, daß durch eine abstrakte Gleichheitsforderung keine tatsächliche Gleichheit geschaffen werden kann, zumindest nicht, solange an der Zuständigkeit der Frau für Haushalt und Kindererziehung festgehalten wird. Vielmehr geht es darum, die Arbeit der Hausfrau und Mutter als einen Beruf zu betrachten, der - u. a. aus den Mitteln der Sozialversicherung - entlohnt werden muß.

Kapitel 4

Heimarbeit

Die Deutschen Arbeiterinnenschutzgesetze
in: Sozialer Fortschritt
Nr. 77, 1906, Auszüge

Wenn aber die Arbeit der Frauen, auch der verheirateten, in der Fabrik notwendig ist, so ist unbedingt wünschenswert, die Schutzgesetze weiter als bisher auszudehnen und auszubauen, damit der Zweck des Gesetzes, der gesundheitliche Schutz der Frauen, der Schutz der Familie und des Hauses tatsächlich erreicht wird. In erster Linie wird zu diesem Zweck nicht nur von den deutschen Frauen, sondern auch von den meisten großen politischen Parteien eine Herabsetzung des Maximalarbeitstages zunächst auf 10 Stunden gewünscht, eine Forderung, die längst spruchreif ist, deren Erfüllung durch Untersuchungen der Regierung sich als durchführbar erwiesen hat. Man sollte die Arbeiterinnen, die um dieses Zugeständnis schon die schwersten Kämpfe geführt haben - es braucht nur an den Krimmitschauer Streik vom Jahre 1903-04 erinnert zu werden - nicht länger warten lassen, um so mehr, als schon der größte Teil aller Betriebe, die Frauen beschäftigen, nicht länger als 10 Stunden arbeiten läßt und durch eine gesetzliche Verallgemeinerung der Maßregel nur die rückständigen Unternehmer zum Fortschritt gezwungen würden. In Ergänzung des Zehnstundentages ist die Freigabe des Sonnabend Nachmittags für die Frauen zu fordern, wie das in England bereits allgemein üblich ist, damit sie diese Zeit zur Instandsetzung des eigenen Haushaltes oder ihrer Kleidung und Wäsche verwenden können. Nur dann würde der Sonntag auch für die Frauen zu einem wahren Ruhetag werden. Ferner wird eine Heraufsetzung des Schutzalters für Jugendliche von 16 auf 18 Jahre gewünscht.

Ebenso wichtig aber ist die Forderung nach einem besseren Schutz der Frauen vor und nach der Geburt ihrer Kinder. Man sollte den Frauen die Möglichkeit geben, in den letzten Wochen vor der Niederkunft der Arbeit fern zu bleiben und ihr Kind länger als 6 Wochen zu pflegen und zu nähren. Durch die Überanstrengung in dieser Zeit gerade sind die Frauenleiden in den Kreisen der Arbeiterinnen so besonders häufig, ist die Kindersterblichkeit so erschreckend hoch und der Gesundheitzustand der Kinder so ungünstig. Zunächst wäre eine Ausdehnung des Verbotes der Arbeit für Wöchnerinnen dahin zu fordern, daß die Frauen etwa 2 Wochen vor und 6 Wochen nach der Geburt des Kindes, im ganzen 8 Wochen von der Arbeit fern bleiben müßten. Natürlich ist ein solches Gesetz nur möglich wenn man den Frauen einen Ersatz für den ausfallenden Lohn bietet. Ein Ansatz dafür ist in Deutschland bereits durch das Krankenversicherungsgesetz gemacht, welches bestimmt, daß die Wöchnerinnen für die Zeit, in der sie nicht arbeiten dürfen (resp. 6 Wochen) ein Krankengeld erhalten, meist in der Höhe der Hälfte des ortsüblichen Tagelohns. Leider aber trifft diese Bestimmung, ebenso wie die meisten Schutzgesetze, nur die Fabrik- und Werkstättenarbeiterinnen und die Heimarbeiterinnen. Die Dienstmädchen und Landarbeiterinnen sind davon ausgeschlossen. Außerdem ist die Un-

terstützung viel zu niedrig, der Zeitraum von Arbeitsruhe und Unterstützung zu kurz, so daß eine Erweiterung in dem eben angeführten Maße dem Ideal einer Mutterschaftsversicherung wenigsten etwas näher käme....

Wenn somit die Einwendungen, die von Frauenseite gegen den Arbeiterinnenschutz gemacht werden, nicht als stichhaltig anerkannt werden können, so muß noch auf die Bedenken hingewiesen werden, die von Seiten der Unternehmer gegen jede Erweiterung dieser Gesetze vorgebracht werden. In Deutschland wird ein zäher Kampf von Seiten vieler Unternehmerorganisationen gegen jede Maßregel geführt, die ihre Freiheit im Verkehr mit den Arbeitern in irgend einer Weise beeinträchtigen könnte. Jeder Schritt, der auf sozialpolitischem Gebiet vorwärts getan werden soll, muß diese Widerstände überwinden: Der Ruin ganzer Industrien wird immer wieder in Aussicht gestellt. Die Verteuerung der Waren und der Verlust von Exportindustrien, die Erschwerung der Konkurrenz auf dem Weltmarkte werden als Argumente im Kampf vorgebracht. Tatsächlich lassen alle Erfahrungen darauf schließen, daß von den Unternehmern mehr ein Kampf um die Macht, um die ungehinderte Bewegungsfreiheit geführt wird, und daß eine wirkliche Beeinträchtigung ihrer Existenz, die auf die Lage der Arbeiter zurückwirken würde, nicht zu befürchten ist. Gewiß ist ein Fortschreiten des Arbeiterinnenschutzes nur da anzustreben, wo die Industrie im Stande ist, die daraus entstehenden Lasten zu tragen. Aber man braucht nicht zu vergessen, daß doch keineswegs allein in Deutschland solche Vorschriften erlassen werden, daß die meisten Kulturländer ihren Industrien ähnliche Lasten auferlegen, daß der Arbeiterschutz fast überall zu den sozialpolitischen Errungenschaften der letzten Jahrzehnte gehört, und daß er nicht ein einziges Land in eine besonders schwierige Lage versetzt. Außerdem pflegt ein Land, das einen weitgehenden Arbeiterschutz hat, sich eine gesunde und leistungsfähige Bevölkerung zu sichern, und diese wiederum kann durch ihre Leistungsfähigkeit besser als tiefstehende Nationen ihren Exportindustrien einen Platz auf dem Weltmarkt behaupten; vielleicht nicht immer auf Grund der Billigkeit, aber auf Grund der Qualität ihrer Erzeugnisse. Wie die einzelne Fabrik nicht weniger und nicht teurer zu produzieren pflegt, wenn sie ihren Arbeitern gesunde Arbeitsbedingungen schafft, so pflegt auch ein ganzes Volk sich in der Konkurrenz mit anderen besser behaupten zu können, wenn es hochstehende Arbeiter hat, die unter hygienischen Bedingungen leben, als wenn es aus verelendeten, ausgebeuteten Arbeitermassen besteht.

(Originaltext Alice Salomon)

Forderungen an die Konfektionsindustrie

Brief an die Inhaber der Berliner Kostüm-Detail-Geschäfte im Auftrag der Kommission des Berliner Frauenvereins in Sachen Heimarbeit (Helene Lange, Gertrud Dyhrenfurth, Alice Salomon)
in: Neue Bahnen
36. Jg., Nr. 8, 15. April 1901, S. 105 f

In diesem Brief werden die Inhaber der Berliner Konfektionsbetriebe aufgefordert, in der Zukunft keine weiteren Aufträge mehr an Heimarbeiterinnen zu vergeben. Die Briefschreiberinnen begründen dies mit den mangelnden hygienischen und gesundheitsschädlichen Einrichtungen an den Heimarbeitsplätzen und der Organisationsunfähigkeit der Heimarbeiterinnen, die allen fortschrittlichen und sozialpolitischen Erwägungen zuwiderlaufen. Die Autorinnen kündigen an, daß sie die Kundschaft der Konfektionsindustrie über die Zustände in den Werkstätten unterrichten werden und fordern diejenigen Firmeninhaber auf, sich in eine weiße Liste einzutragen, die sich zu den Grundsätzen des Frauenvereins bekennen.

Was die Konfektionsarbeiter von der Gesetzgebung fordern
in: Die Frau
9. Jg., Heft 5, Februar 1902, S. 275-264

Der Artikel behandelt die verschiedenen Organisationsversuche und Streiks, mit denen die Konfektionsarbeiter der Heimindustrie ihre Forderungen nach einer gesetzlichen Regelung der Löhne und Arbeitsbedingungen durchsetzen wollten, die aber bisher zu keinem Erfolg geführt haben. Alice Salomon setzt sich mit den Positionen von Berufsorganisationen, Gewerkschaften, Sozialpolitikern und Unternehmern auseinander, deren unterschiedliche Auffassungen und Forderungen, die von einer Ausdehnung der Heimarbeit bis zu ihrem vollständigen Verbot reichen, bisher eine Einigung und Regelung verhindert haben. Ferner schildert sie Beispiele aus anderen Ländern, in denen die Arbeitsbedingungen in der Heimindustrie bereits teilweise gesetzlich geregelt wurden und diskutiert Vorschläge für eine weitergehende Aufklärung und Organisation der isoliert arbeitenden Konfektionsarbeiter.

Bericht der Kommission für Arbeiterinnenschutz
in: Centralblatt des Bundes deutscher Frauenvereine
6. Jg., Nr. 14, 15. Oktober 1904, Extrabeilage

Über die Arbeit der Kommission, die sich im Berichtsjahr in erster Linie mit den Fragen des Heimarbeiterinnenschutzes und den Schutzbestimmungen in der Konfektionsindustrie befaßt hatte. In dem Bericht waren Gesetzesvorschläge ausgearbeitet, die die Arbeitsverhältnisse in der Konfektionsindustrie regeln sollten. Außerdem ging es um die Teilnahme am Heimarbeiterschutzkongreß im März 1904, die Aufforderung an alle Bundesvereine, die vom Heimarbeiterschutzkongreß verabschiedete Resolution zu unterstützen und um Solidarität mit dem Streik der Arbeiter/innen in Krimmitschau.

Arbeitsschutz für Heimarbeiterinnen

Der Heimarbeiterschutzkongreß
in: Centralblatt des Bundes deutscher Frauenvereine
18. Jg., Nr. 24, 15. März 1904, S. 186 f

Bericht über den ersten allgemeinen Heimarbeiterschutzkongreß in Berlin vom 7. bis 9. März 1904. Auf diesem Kongreß trafen sich Heimarbeiter/innen und Gewerkschaftsvertreter mit bürgerlichen Sozialreformern (Verein für Sozialpolitik, Gesellschaft für soziale Reform, Frauenvereine), um gemeinsam über realisierbare Reformen zur Besserung der Lage der Heimarbeiter/innen zu beraten. Die gemeinsamen Forderungen, auf die man sich einigen konnte, waren solche nach rechtsverbindlichen Tarifen, hygienischen Vorschriften und Arbeitsschutzgesetzen. Während des Kongresses fand im Gewerkschaftshaus eine Ausstellung von Produkten der Hausindustrie statt, wobei zu jedem Produkt die Bedingungen angegeben waren, unter denen es hergestellt wurde.

Arbeiterinnenschutz und Heimarbeit
in: Die Hilfe
12. Jg., Nr. 18, 6. Mai 1906, S. 6

Besprechung des gleichnamigen Buches von Robert Wilbrandt (Jena 1906), in welchem dieser nach eingehender Untersuchung des Heimarbeiterproblems Vorschläge zu einer Lösung macht. Grundlage für eine Lösung des Heimarbeiterproblems wäre eine gesetzliche Regelung der Lohnfrage, die sowohl einen Schutz der Heimarbeiter als auch der Fabrikarbeiter bedeuten würde, da die Position der letzteren durch das Fortbestehen der billigen Heimarbeit immer wieder geschwächt wird. Eine gesetzliche Regelung der Heimarbeiterlöhne würde ferner die rückständigen Industrien, die in erster Linie die Heimarbeiter beschäftigen, zu Modernisierungen und Mechanisierungen veranlassen und letztlich dazu führen, daß die Heimarbeit ganz abgeschafft wird, mehr Fabrikarbeitsplätze auch für Frauen eingerichtet würden und eines der größten Probleme der Heimarbeit, nämlich die Isolierung und fehlende Organisationsfähigkeit, beseitigt würde.

Heimarbeit und Lohnfrage
in: Heimarbeit und Lohnfrage. Drei Vorträge gehalten von Anna Schmidt, Gertrud Dyhrenfurth, Alice Salomon.
Schriften des ständigen Ausschusses zur Förderung der Arbeiterinneninteressen, Heft 1
Verlag Gustav Fischer, Jena 1909, S. 36-45

Der Vortrag wurde in einer vom "Ständigen Ausschuß zur Förderung der Arbeiterinneninteressen" einberufenen Versammlung am 10. März 1909 in Berlin gehalten. Es wurde damals im Reichstag ein Gesetz zur Regelung der Heimarbeit beraten, und in dieser Versammlung des Ständigen Ausschusses ging es darum, Unterstützung für die Forderung nach einer gesetzlichen Regelung der Löhne in der Heimindustrie zu gewinnen, die nach Ansicht der Autorinnen der drei Vorträge der einzig wirksame Schutz für die Heimarbeiterin sein könnte. Alice Salomon widerlegt in ihrem Vortrag die Einwände, die von Unternehmerseite gegen eine gesetzliche Regelung der Löhne vorgebracht wurden. Dem Einwand, daß der Staat nicht das Recht habe, die persönliche Freiheit, insbesondere die Vertragsfreiheit einzuschränken, begegnet sie mit der Verpflichtung des Staates für das Gesamtwohl, für den Schutz der Freiheit der Schwachen vor den Starken. Dem Einwand, daß Lohnerhöhungen eine Produktverteuerung nach sich zögen und die deutsche Industrie auf dem internationalen Markt nicht mehr konkurrenzfähig sei, hält sie entgegen, daß die Löhne nur einen geringen Prozentsatz des Verkaufspreises ausmachen, daß niedrige Löhne den technischen Fortschritt in der ohnehin rückständigen Heimindustrie verhindern und daß eine Industrie, die ihren Arbeitern nicht das Existenzminimum zahlt, zur Entwicklung der Volkswirtschaft nicht beiträgt, sondern im Gegenteil die Kräfte verschleißt, somit eine parasitäre Industrie ist.

Zur Heimarbeiterinnenausstellung in Berlin 1906

Was lehrt die Heimarbeit-Ausstellung
in: Centralblatt des Bundes deutscher Frauenvereine
7. Jg., Nr. 22, 15. Februar 1906, S. 169 ff
außerdem in: Deutsche Kultur, 1. Jg., Heft 12, März 1906, S. 758 f

Hier äußert sich Alice Salomon zunächst zu der Tatsache, daß es anläßlich der Heimarbeitsausstellung und der begleitenden Veranstaltungen gelungen ist, verschiedene Parteien, Gewerkschaften, Arbeiterorganisationen und sozialpolitische Vereine und Frauenvereine zusammenzubringen. Anschließend beschreibt sie, wie man sich anhand der ausgestellten Produkte der Heimindustrie und der hinzugefügten Beschreibungen über Arbeitsbedingungen, Löhne, hygienische Zustände und deren körperliche und seelische Auswirkungen informieren konnte. Sie hofft, daß diese Ausstellung einer großen Zahl von Besuchern klargemacht hat, unter welchen Bedingungen Produkte, die gedankenlos gekauft werden, hergestellt werden und welches die Schattenseiten des technischen Fortschritts sind.

Wir und die Heimarbeiterinnen
Zur Eröffnung der Ausstellung von Produkten der Hausindustrie in Berlin
in: Centralblatt des Bundes deutscher Frauenvereine
7. Jg., Nr. 20, 15. Januar 1906, S. 153 f

Alice Salomon behandelt zunächst die Schwierigkeiten der bürgerlichen Frauenbewegung, mit Arbeiterinnen - insbesondere Heimarbeiterinnen - gemeinsam für eine Verbesserung des Frauenschicksals zu kämpfen. Diese Probleme sind sowohl in den unterschiedlichen Interessen, Bedürfnissen und Organisationsformen, als auch in den unterschiedlichen Lebenssituationen begründet. Für die meisten bürgerlichen Frauen ist es unmöglich, sich das Leben einer Heimarbeiterin auch nur vorzustellen. Die Heimarbeitsausstellung soll dazu dienen, diese Hindernisse abzubauen, indem sie einerseits den gebildeten und besitzenden Klassen einen Einblick in die Lebensverhältnisse und die Arbeitsbedingungen der Heimarbeiterinnen gibt und gleichzeitig die Möglichkeiten der Frauenbewegung aufzeigt, sich für die Heimarbeiterinnen einzusetzen, zum Beispiel durch Einwirken auf den Gesetzgeber.

Nachklänge zur Heimarbeitsausstellung
in: Die Frau
14. Jg., Heft 10, Juli 1907, S. 625-629

Die Austellungsgegenstände auf der Heimarbeitsausstellung in Berlin (1906) waren in Heimarbeit hergestellte Produkte, denen Angaben und Berechnungen über die aufgewendete Arbeitszeit und die Arbeits- bzw. Stücklöhne beigefügt waren. Die Ausstellung diente der Aufklärung über die Arbeitsbedingungen in der Heimindustrie und über die Notwendigkeit sozialpolitischer Reformen in diesem Bereich. In diesem Beitrag widerlegt Alice Salomon die Behauptungen der Handelskammer, die in einer Denkschrift die Berechnungen und Angaben der Heimarbeitsausstellung bestritten hatte.

Kapitel 5

Fabrikarbeit

Zur Lage der gewerblichen Arbeiterinnen

Frauenarbeit in Preußen
in: Die Frau
9. Jg., Heft 1, Oktober 1901, S. 50-53

Zusammenfassung einzelner Berichte über den Anteil der Frauenarbeit in den Fabriken, über ihren prozentualen Rückgang während des wirtschaftlichen Rückschlags im Sommer und Herbst 1900, über die Übertretungen der Arbeitsschutzgesetze in den Betrieben (Verbot der Frauennachtarbeit, Maximalarbeitstag, Pausenregelung, Wöchnerinnenschutz), über einzelne Organisationsversuche der Frauen zur Verbesserung ihrer Arbeitsbedingungen und über die Einrichtung fabrikeigener Krippen, Wöchnerinnenheime und Haushaltungsschulen.

Die Lage der gewerblichen Arbeiterinnen
in: Der Internationale Frauenkongreß in Berlin 1904.
   Bericht mit ausgewählten Referaten, herausgegeben im
   Auftrage des Vorstandes des Bundes deutscher Frauenvereine
   von Marie Stritt
   Verlag Carl Habel, Berlin, S. 177-178

Einleitendes Referat zu den Vorträgen über die Lage der Fabrik- und Heimarbeiterinnen innerhalb der Tagungssektion "Frauenerwerb und -berufe", in welchem Alice Salomon auf die Verpflichtung der besitzenden und gebildeten Schichten als Träger einer höheren Kultur hinweist, sich mit der Arbeiterinnenfrage zu beschäftigen.

Drei Klassen von Lohnarbeiterinnen in Industrie und Handel der Stadt Karlsruhe
in: Die Frau
14. Jg., Heft 2, November 1906, S. 76-84
sowie in: Centralblatt des Bundes deutscher Frauenvereine
8. Jg., Nr. 13, 1. Oktober 1906, S. 102 ff

Besprechung einer Untersuchung der badischen Fabrikinspektorin Marie Baum über "Drei Klassen von Lohnarbeiterinnen in Industrie und Handel der Stadt Karlsruhe" (1906). Marie Baum untersucht die Lebens-, Arbeits- und materielle Situation von ungelernten Industriearbeiterinnen, gelernten Konfektionsarbeiterinnen und Handelsgehilfinnen. In der materiell schlechtesten Situation befinden sich die ungelernten Arbeiterinnen, aber auch bei den Schneiderinnen und Verkäuferinnen reicht der Lohn kaum zur Bestreitung des Lebensunterhalts. Die Ansätze zu einer Organisation zur Verbesserung der Löhne und Arbeitsbedingungen sind minimal. Marie Baum führt das auf die immer noch starke Einbindung der Mädchen in die patriarchalische Familie und die Ehe als Lebensperspektive zurück, die die Frauen davon abhalten, berufliche Interessen zu vertreten. Alice Salomon betrachtet diese Untersuchung als eine Grundlage, auf der die Frauenbewegung die Frage von Beruf und Ehe, der Vereinbarung von Berufs- und Hausfrauentätigkeit und des Einflusses von gelernter und ungelernter Arbeit auf die Gestaltung des Berufslebens diskutieren sollte.

Arbeitsnachweis-Bureaux in Deutschland
in: Baltische Frauenzeitschrift
1. Jg., September 1907, S. 620 ff

In diesem Beitrag beschreibt Alice Salomon die Vorteile der kommunalen und von gemeinnützigen Vereinen unterhaltenen Arbeitsvermittlungsstellen gegenüber den privaten, gewerkschaftlichen und von Unternehmern eingerichteten Stellen. Vor allem in Krisenzeiten können die gemeinnützigen Stellen, die paritätisch mit Arbeitern und Unternehmern besetzt sind, die wirksamste Hilfe leisten.
Sie beschreibt außerdem die Organisation und Arbeitsweise der Vermittlungsstellen, die Erfolge der überregionalen Vermittlung und das Verhalten bei Streiks und Aussperrungen. Ferner geht sie auf die Besonderheiten der Vermittlung von Frauenarbeitsplätzen ein.

Ein Rückblick auf die Konferenz zur Förderung der Arbeiterinneninteressen
in: Die christliche Frau
5. Jg., Heft 7, April 1907, S. 254-260

Bericht von den Vorträgen und Diskussionen auf der ersten deutschen Konferenz zur Förderung der Arbeiterinneninteressen am 1. und 2. März 1907 in Berlin. Die Konferenz, an der Organisationen verschiedener politischer und weltanschaulicher Richtungen teilnahmen - Frauenvereine, sozialpolitische Organisationen, Gewerkschaften, Sozialdemokraten, christliche Vereine - behandelte insbesondere die Lage der Fabrik- und Heimarbeiterinnen, die gesundheitliche Schädigung der Frau durch die Erwerbsarbeit, die Vernachlässigung der häuslichen Pflichten und das Problem der Lohndrückerfunktion der Frauenerwerbsarbeit. Alice Salomon begrüßt die Tatsache, daß sich die beteiligten Organisationen trotz unterschiedlicher Standpunkte in der Frage, ob die Frauenerwerbsarbeit überhaupt wünschenswert ist, auf gemeinsame sozialpolitische Forderungen einigen konnten, nämlich auf die Forderung nach Arbeitszeitverkürzung, Schwangeren- und Wöchnerinnenschutz, gesetzliche Regelung von Löhnen und Arbeitszeit in der Heimindustrie, Gewährung und Sicherung der Koalitionsfreiheit als Vorbedingung zur Organisation, Berufsausbildung auch für Mädchen, Wahlrecht zu Krankenkassen und Gewerbegerichten, gesetzliche Regelung des Tarifvertrags.

Die Arbeiterinnenfrage
(Die Frau im modernen Wirtschaftsleben VII)
in: Neue Bahnen
43. Jg., Nr. 13, 1. Juli 1908, S. 99 ff

Ausgehend von der Behandlung der Arbeiterinnenfrage als eines Teils der allgemeinen Arbeiterfrage (d.h. Ausbeutung, materielle Unsicherheit, Arbeitslosigkeit, entfremdeter Produktionsprozeß), geht Alice Salomon auf die Besonderheiten der industriellen Frauenarbeit ein. Hier hebt sie vor allem die gesundheitlichen und sittlichen Gefährdungen und sonstigen Schäden der industriellen Arbeit hervor, die nicht nur die Arbeiterin bedrohen, sondern auch ihre Kinder, ihre Familie und damit die gesundheitlichen und sittlichen Grundlagen des ganzen Volkes.

Arbeiterinnenschutz

Frauenbewegung und gesetzlicher Arbeiterinnenschutz
in: Die Frau
7. Jg., Heft 4, Januar 1900, S. 212-216

Ausgehend von den Berührungspunkten zwischen Frauenbewegung und Arbeiterinnenbewegung - nämlich daß erstere auch eine ökonomische Bewegung ist, wenn sie die ökonomische Unabhängigkeit vom Ehemann erkämpft und letztere auch eine Geschlechtsbewegung, wenn sie innerhalb der Arbeiterbewegung frauenspezifische Forderungen stellt - behandelt Alice Salomon die Frage des gesetzlichen Arbeiterinnenschutzes, die auf dem Internationalen Frauenkongreß in London 1899 kontrovers diskutiert wurde. Im Gegensatz zu anderen Frauen, die aufgrund des Arbeiterinnenschutzes Nachteile für die Frauen auf dem Arbeitsmarkt befürchten, ist Alice Salomon der Ansicht, daß dies, zumindest für deutsche Verhältnisse, nicht zutrifft. Einmal sind in Deutschland die Frauenlöhne gegenüber den Männerlöhnen so niedrig, daß der Arbeiterinnenschutz die Konkurrenzfähigkeit der Frauen nicht einschränken würde, zum anderen bestehen auch für Männer Arbeitsschutzgesetze, die sie sich mit Hilfe ihrer Organisationen erkämpft haben. Alice Salomon ist der Ansicht, daß die Frauenbewegung sich einer Argumentationsgrundlage beraubt, wenn sie nicht auf eine gesetzliche Anerkennung der Mutterschaftsleistung dringt.

Für und gegen den Arbeiterinnenschutz
in: Soziale Praxis
   14. Jg., Nr. 4, 27. Oktober 1904, Sp. 92-95
außerdem in: Neue Bahnen
   40. Jg., Nr. 1, 1. Januar 1905, S. 2 ff

In dem Beitrag stellt Alice Salomon die Argumente für und gegen den Arbeiterinnenschutz einander gegenüber. Gegen einen besonderen Arbeiterinnenschutz hatten sich Feministinnen ausgesprochen, die, ausgehend von einer abstrakten Gleichheitsforderung, jegliches Sonderrecht für Frauen ablehnten. Dem hält Alice Salomon entgegen, daß es sich bei dem Arbeiterinnenschutz nicht um ein spezielles Vorrecht für Frauen handelt, sondern um eine zum Nutzen der Gesamtheit, insbesondere der Volksgesundheit, notwendige Maßnahme. Eine zweite Gruppe, die den Arbeiterinnenschutz ablehnte, befürchtete Nachteile für die Frauen auf dem Arbeitsmarkt. Nach Alice Salomons Ansicht beweisen aber die Erfahrungen in Ländern mit fortgeschrittenem Arbeiterinnenschutz, daß die Anzahl der erwerbstätigen Frauen keineswegs abgenommen, sondern sogar noch zugenommen hat und daß ein gesetzlich geregelter Arbeiterinnenschutz für Frauen nur das nachholt, was die Männer über ihre Berufsorganisationen für sich schon lange erreicht haben.

Die deutschen Arbeiterinnenschutzgesetze
in: Sozialer Fortschritt
Nr. 77, 1906[17]

In dieser Schrift bespricht Alice Salomon zunächst die Bestimmungen der Reichsgewerbeordnung über Arbeitsschutz am Arbeitsplatz, Arbeitszeit, Arbeitsverträge und Arbeitsverbot an Sonn- und Feiertagen sowie die besonderen Beschränkungen der Arbeitszeit für Frauen und Jugendliche. Es folgt eine Beschreibung der Tätigkeiten der Gewerbeaufsicht und der Gewerbegerichte.

Anschließend überlegt Alice Salomon, warum besondere Schutzbestimmungen für Frauen notwendig sind und warum die bisher bestehenden noch nicht ausreichen. In diesem Zusammenhang diskutiert sie die Vorschläge, den Wöchnerinnenschutz auszudehnen, eine Mutterschaftsversicherung einzuführen und die Arbeitszeit weiter zu verkürzen.

Abschließend setzt sie sich zum wiederholten Male mit den Bedenken einerseits von Feministinnen andererseits von Unternehmern gegen die Einführung spezieller Arbeiterinnenschutzgesetze auseinander.

Gesundheitsfürsorge für Arbeiterinnen
in: Centralblatt des Bundes deutscher Frauenvereine
8. Jg., Nr. 20, 15. Januar 1907, S. 159 ff
Nr. 21, 1. Februar 1907, S. 166 ff
sowie eine gekürzte Fassung in: Baltische Frauenzeitschrift
1. Jg., Aprilheft 1907, S. 381 ff

Auszug des Berichtes über "Die Bestrebungen zur Hebung der Volksgesundheit in Deutschland", den Alice Salomon auf einer Vorstandskonferenz des Internationalen Frauenbundes vorgelegt hatte. Es werden verschiedene Institutionen vorgestellt, die versuchen, etwas für die Gesundheit der Arbeiterinnen zu tun: der Staat, die Gewerkschaften, private Vereine. Unter anderm geht es um gesetzliche Arbeitszeitbeschränkung und Arbeitsschutzbestimmungen, das Krankenversicherungsgesetz sowie Maßnahmen zur Verbesserung der Ernährung.

---

17 ein Auszug daraus steht in diesem Teil zu Beginn des Kapitels 4 Heimarbeit.

Der Arbeiterinnenschutz im letzten Jahr
Bericht der Arbeiterinnenschutzkommission des Bundes deutscher
Frauenvereine. Im Auftrage: Alice Salomon, Vorsitzende,
Elisabeth Jaffé-Richthofen, Schriftführerin
in: Centralblatt des Bundes deutscher Frauenvereine
    5. Jg., Nr. 17, 30. November 1903, S. 132 f

Alles Material aus der Zeit Oktober 1902 bis Oktober 1903. Insbesondere über
- Arbeiterinnenschutzgesetzgebung,
- Arbeit der Fabrikinspektorinnen,
- wichtige Entscheidungen der Gewerbegerichte,
- Streiks und Aussperrungen,
- kommunale Arbeitsvermittlungen,
- Auswirkungen des Vereinsgesetzes,
- neue Bestimmungen der Kranken- und Mutterschaftsversicherungen,
- Entwicklung der Arbeiterinnenorganisationen.

Der Arbeiterinnenschutz im abgelaufenen Jahr
Bericht der Arbeiterinnenschutzkommission des Bundes deutscher
Frauenvereine. Im Auftrage: Alice Salomon, Vorsitzende,
Elisabeth Jaffé-Richthofen, Schriftführerin
in: Centralblatt des Bundes deutscher Frauenvereine
    6. Jg., Nr. 18, 15. Dezember 1904, S. 142
    Nr. 19, 1. Januar 1905, S. 150

Alles Material aus der Zeit Oktober 1903 bis Oktober 1904. Insbesondere über
- die Ausdehnung der Schutzgesetze auf die Maßschneiderei-Werkstätten,
- Ausbau der Sozialversicherungen,
- sowie die Themen, die schon im Jahr zuvor behandelt wurden (mit Ausnahme der Kranken- und Mutterschaftsversicherungen)

Arbeitszeit - 10-Stundentag

Der Zehnstundentag
in: Centralblatt des Bundes deutscher Frauenvereine
    9. Jg., Nr. 19, 1. Januar 1908, S. 145-146
sowie in: Die Hilfe
    14. Jg., Nr. 10, 8. März 1908, S. 148 f

In diesem Beitrag kritisiert Alice Salomon den Entwurf einer Novelle zur Gewerbeordnung, der zwar einen Zehnstundentag für Arbeiterinnen vorsah, aber auf Antrag und für "besondere Verhältnisse" weiterhin den Elfstundentag zuließ. Alice Salomon sieht voraus, daß sich aufgrund dieses Gesetzes in den rückständigen Industrien, um derentwillen das Gesetz eigentlich notwendig ist, weil nur dort noch der Elfstundentag vorherrscht, nichts ändern wird und die dort beschäftigten Frauen weiterhin, einschließlich der Pausen und Anfahrtswege, einen dreizehnstündigen Arbeitstag haben werden.

Die Arbeitszeit der Fabrikarbeiterinnen
in: Die Frau
12. Jg., Heft 10, Juli 1905, S. 595-600
außerdem in: Centralblatt des Bundes Deutscher Frauenvereine
7. Jg., Nr. 5, 1. Juni 1905, S. 34 ff

Zusammenfassung der Ergebnisse einer Untersuchung, die im Jahre 1902 von Gewerbeaufsichtsbeamten im Auftrage der Regierung über "Die Arbeitszeit der Fabrikarbeiterinnen" durchgeführt und 1905 veröffentlicht wurde. Ermittelt wurden in verschiedenen Branchen der Industrie die Notwendigkeit, Möglichkeit und Durchführbarkeit einer Arbeitszeitverkürzung für Arbeiterinnen auf zehn Stunden. Die Untersuchungsberichte kamen überwiegend zu dem Ergebnis, daß der Zehnstundentag in den meisten Industrien sowohl für Frauen, als auch für Männer schon eingeführt ist und daß nur in der Textilindustrie der Maximalarbeitstag von elf Stunden noch voll ausgenutzt wird. Infolge des wirtschaftlichen Aufschwungs und des Mangels an Arbeiterinnen bestünden aber auch hier keine Bedenken, den Zehnstundentag bei gleichem Lohn einzuführen, so daß die Voraussetzungen für eine gesetzliche Regelung gegeben seien.

Die Herabsetzung der Arbeitszeit für Frauen
in: Die Frau
10. Jg., Heft 4, Januar 1903, S. 200-205

Besprechung zweier Referate, die auf einer Versammlung der Gesellschaft für soziale Reform (Jena 1902) zum Thema "Herabsetzung der Arbeitszeit für Frauen" gehalten wurden. Besonders das Referat von Helene Simon begründet nach Alice Salomons Ansicht sehr überzeugend die Forderung nach Verkürzung der Arbeitszeit von elf auf zehn

Stunden täglich, nach längeren Pausen und früherem Arbeitsschluß an Samstagen. Vor allem für Frauen muß der gesetzliche Arbeitsschutz wirksam werden, da sie ohnehin in den rückständigen Industrien länger arbeiten als die Männer, die sich aufgrund ihrer besseren Organisation schon kürzere Arbeitszeiten erkämpft haben.
Helene Simon durfte aufgrund der Beschränkungen des Vereinsrechts, das den Frauen keine Vereins- und Versammlungsfreiheit zugestand, ihr Referat auf der Tagung nicht selbst vortragen. Dies ist für Alice Salomon ein Anlaß, erneut die Vereins- und Versammlungsfreiheit für Frauen zu fordern, derer besonders die Arbeiterinnenbewegung bedarf, da ihre Organisationsversuche durch das Vereinsgesetz bisher ständig behindert waren.

Die Nachtarbeit der Frauen
in: Die Frau
11. Jg., Heft 3, Dezember 1903, S. 160-168

Trotz der Gewerbeordnungs-Novelle vom 1. Juni 1891, die die Nachtarbeit der Frauen verbot, ist sie in Deutschland weiterhin gängige Praxis. Alice Salomon stellt dar, wie die Lücken im Gesetz die Nachtarbeit gerade in Betrieben mit vorwiegend weiblichen Beschäftigten noch zulassen, nämlich in der Saisonindustrie, Heimindustrie, Konfektionsindustrie, in Wäschereien und Plättereien. Sie geht auf die gesundheitlichen, sittliche und kulturelle Schädlichkeit der Nachtarbeit für Frauen und Kinder ein und widerlegt die Einwände sowohl der Manchester-Kapitalisten, als auch einer bestimmten Gruppe von Feministinnen gegen das Nachtarbeitsverbot, indem sie anhand des Tatsachenmaterials aus Ländern und Industrien, wo das Nachtarbeitsverbot bereits in Kraft getreten ist, belegt, daß weder die Industrie darunter gelitten hat, sondern im Gegenteil zur Einführung fortschrittlicherer Produktionstechniken veranlaßt wurde, noch die Frauenarbeit durch das Gesetz eingeschränkt wurde, sondern ihr Anteil an den Beschäftigten sogar noch zugenommen hat.

Die gewerbliche Nachtarbeit der Frauen
in: Soziale Praxis
13. Jg., Nr. 9, 26. November 1903, Sp.209-213

Besprechung einer von der Internationalen Vereinigung für gesetzlichen Arbeitsschutz in Auftrag gegebenen Untersuchung über "Die gewerbliche Nachtarbeit der Frauen; Bericht über ihren Umfang und ihre gesetzliche Regelung" (Jena 1903). Diese Arbeit sollte dem internationalen Arbeitsamt als Grundlage dienen, um eine internationale Regelung des gesetzlichen Arbeitsschutzes herbeizuführen. Darin werden Berichte einzelner Länder über den Umfang der Frauen-Nachtarbeit sowohl in der Fabrik-, als auch in der Heimindustrie einander gegenübergestellt, ihre schädlichen Auswirkungen beschrieben sowie die Art und Auswirkungen der Maßnahmen behandelt, die in einzelnen Ländern bereits zur Einschränkung der Frauen-Nachtarbeit ergriffen wurden. In Anlehnung an die Autoren des Buches weist Alice Salomon nachdrücklich darauf hin, daß die positiven Auswirkungen des gesetzlichen Arbeitsschutzes ihre möglichen Nachteile für die Volkswirtschaft eines Landes bei weitem überwiegen und daß die Untersuchung die Notwendigkeit eines internationalen Arbeitsschutzes und den Ausbau der jeweiligen nationalen Regelung nachgewiesen hat.

Ein neues Recht und eine neue Pflicht
in: Centralblatt des Bundes deutscher Frauenvereine
    11. Jg., Nr. 19, 1. Januar 1910, S. 145-146

Kommentar zu dem am 1. Januar 1910 in Kraft getretenen gesetzlichen Zehnstundentag, der nach Alice Salomons Ansicht sechs Jahre nach dem Streik von Crimmitschau längst überfällig ist und dessen gesetzliche Festschreibung immer noch zu viele Lücken aufweist. Dennoch fordert sie die Frauen der Frauenbewegung auf, den Arbeiterinnen dabei zu helfen, von ihrem neuen Recht einen guten Gebrauch zu machen und die gewonnene Zeit zur Festigung ihrer Berufsorganisationen, zur Fortbildung und zur Teilnahme an der Kultur zu nutzen.

Aufruf
an alle Manufactur- Fabrik- und Handarbeiter, als: Weber, Tuch- Buckskin- und Zeugmacher, Wirker und Posamentire, Spinnerei-, Appretur- und Färbereiarbeiter sowie Fachverwandte jeglicher Stellung und beiderlei Geschlechts

Gewerbsgenossen!

Im Auftrage von mehr als 800 Köpfen der benannten Berufs-Arten am hiesigen Orte wenden wir uns an Euch in einer für uns Alle hochwichtigen Sache.
Die moderne capitalistische Production macht sich von Jahr zu Jahr in einer für uns immer fühlbareren Weise geltend. Die stets zunehmende Concurrenz, die immer großartiger sich entwickelnde Großproduction, verbunden mit Krisen, welche durch den das Mark der Völker aussaugenden Militarismus noch verschärft werden, haben unsere sociale Stellung

immer schlimmer gemacht und sie auf einen Punkt herabgedrückt, wo Abhilfe auf das Dringenste Noth thut.

Rings um uns sehen wir die Berufsgenossen der verschiedensten Industriezweige, die unter gleichen Ursachen wir wir leben, sich zusammenschaaren, um den Kampf gegen ein System aufzunehmen, das in seinen Consequenzen die vollständige Unterdrückung und Aussaugung des arbeitenden Volkes herbeiführen muß. Vereinigung! Organisation! ist der Ruf und die Losung der Unterdrückten aller Länder. Auch wir wollen einstimmen in diesen Ruf und handeln, wie es Leuten geziemt, die gestählt sind im täglichen Kampfe um das nackte Dasein. Organisieren wir uns, bilden wir eine Internationale Gewerksgenossenschaft der Manufactur-, Fabrik- und Handarbeiter beiderlei Geschlechts!

Denn auch unsere Frauen und unsere Töchter sind hereingerissen und uns als eine zwiefach kostbare Beute schmachvoll preisgegeben in diesem Krieg Aller gegen Alle.

Das unterzeichnete Comité, von der hier am 10. Febr. d. J. durch circa 300 Genossen gegründeten Internationalen Manufactur-, Fabrik- und Handarbeiter-Gewerksgenossenschaft betraut mit den Vorarbeiten für Einberufung eines allgemeinen Congresses der Manufactur-, Fabrik- und Handarbeiter, hat sich freudig dieser Aufgabe unterzogen und einen Statutenentwurf ausgearbeitet, den wir unsern Gewerksgenossen von Nah und Fern zur Beratung und Beschlußfassung unterbreiten wollen.

Zu diesem Behufe laden wir alle Manufactur-, Fabrik- und Handarbeiter ein, auf Grund dieses Statutenentwurfs sich uns anzuschließen und Abgeordnete zu schicken zu dem Congreß der Manufactur-, Fabrik- und Handarbeiter, der die Pfingstfeiertage in Leipzig stattfinden soll.

Den Statutenentwurf nebst anderen nötigen Mittheilungen werden wir gedruckt in entsprechender Anzahl allen uns bekannten Personen, Vereinen und Verbindungen, von denen wir eine Förderung unsers Vorhabens erhoffen dürfen, zusenden. Auch fordern wir die befreundete Presse auf, unsere Sache zu unterstützen. Uns unbekannte Freunde, welche keine Sendung bekommen, bitten wir sich direct und franco an den mitunterzeichneten Jul. Motteler in Crimmitschau zu wenden, an den überhaupt alle Zuschriften, soweit sie den Congreß betreffen und nicht Localcomitéangelegenheiten berühren, zu senden sind.

Die Mandate der Abgeordneten müssen zur Legitimation mit mindestens 3 Unterschriften von Mitgliedern der Gewerksgenossenschaft von dem Orte, wo sie gewählt sind, beglaubigt sein, und die Zahl der Gewerksgenossen, welche vertreten werden, enthalten.

Die Anmeldung der Abgeordneten hat bei dem Vorsitzenden des Local-Comités, Herrn Chr. Hablich, im Arb.-Bildungs-Verein, Ritterstraße 48 II, Leipzig, zu erfolgen. In demselben Local findet auch Sonnabend Abends 7 Uhr die Vorversammlung statt. Ebenso können dort die Abgeordneten nach ihrer Ankunft in Leipzig billige Quartiere angewiesen erhalten.

Gewerksgenossen! Wir hoffen zuversichtlich, daß Ihr unserem Rufe zahlreich Folge leistet. Haltet zusammen, schließt Euch uns an und sendet Leute Eures Vertrauens, die ernst und gewissenhaft beraten, was uns Allen frommt und uns von Druck und Noth befreien hilft!...

(Erster Aufruf zur Organisierung der Manufakturarbeiter aus dem Jahre 1869 vom Organisationskomitee der Internationalen Manufaktur-, Fabrik- und Handarbeiter-Gewerksgenossenschaft Crimmitschau.)

Crimmitschau
in: Soziale Praxis
13. Jg., Nr. 16, 14. Januar 1904, Sp. 401-408
Der gleiche oder ein sehr ähnlicher Bericht
in: Centralblatt des Bundes deutscher Frauenvereine
5. Jg., Nr. 19, 1. Januar 1904, S. 146 ff

Bericht über den Streik der Arbeiter der sächsischen Textilindustrie in Crimmitschau, die für höhere Löhne und Arbeitszeitverkürzung (Zehnstundentag) kämpften. Alice Salomon schildert ihre Eindrücke von ihrem Besuch in Crimmitschau zwischen Weihnachten und Neujahr 1903/04, in dessen Verlauf sie sich in Gesprächen mit den Vertretern von Unternehmern und Arbeitern und durch Besuche bei Arbeiterfamilien ein Bild über die Situation zu machen versucht. Sie gibt die Positionen der Parteien wieder, schildert die Auswirkungen des Arbeitskampfes auf die materielle Lage der Streikenden und kommt schließlich zu dem Schluß, daß die einzige Möglichkeit zur Beilegung des Konfliktes darin besteht, daß die Unternehmer auf einen Teil der Forderungen der Arbeiter eingehen oder daß der Staat den Zehnstundentag gesetzlich einführt. Sie ist der Ansicht, daß die Forderungen der Streikenden im wesentlichen berechtigt sind, daß es vor allem den Arbeiterinnen nicht um die Frage der Macht und des Klassenkampfes geht, sondern um die Durchsetzung konkreter Verbesserungen ihrer materiellen und gesundheitlichen Lage. Solche Verbesserungen müßten auch im Interesse nicht unmittelbar am Konflikt beteiligter Bevölkerungsschichten liegen, da sie die Voraussetzung für ein gesünderes, sittlicheres und gerechtes gesellschaftliches und Familienleben sind.

Fabrikarbeit verheirateter Frauen[18]

Der Schutz der Frau und des Hauses
in: Centralblatt des Bundes deutscher Frauenvereine
1. Jg., Nr. 17, 1. Dezember 1899, S. 133 ff

In diesem Beitrag kritisiert Alice Salomon den Gesetzentwurf der Zentrumspartei, der vorsieht, verheirateten Frauen die Fabrikarbeit zu verbieten, um Haus und Familie zu schützen. Dem stellt sie die Ansicht des Bundes deutscher Frauenvereine gegenüber, daß ein solches Gesetz

---

18 siehe auch in diesem Teil/3 Familie - Lebensformen, Familienforschung der "Deutschen Akademie für soziale und pädagogische Frauenarbeit".

keineswegs geeignet ist, Frau und Haus zu schützen. Frauen sind aus wirtschaftlichen Gründen gezwungen zu arbeiten, und wenn ihnen die Fabrikarbeit verwehrt würde, gingen sie notgedrungen in die noch viel weniger geschützte Heimindustrie.
Statt den verheirateten Frauen die Fabrikarbeit zu verbieten, fordert der Bund deutscher Frauenvereine einen Ausbau des Arbeiterinnenschutzes in den Fabriken und in der Heimindustrie!

Frauen-Fabrikarbeit und Frauenfrage
in: Die Frau
8. Jg., Heft 4, Januar 1901, S. 193-199

Besprechung der Broschüre von Ludwig Pohle: Frauen-Fabrikarbeit und Frauenfrage (Leipzig 1900). Ludwig Pohle ist - wie eine Reihe seiner Zeitgenossen, vor allem aus der Zentrumspartei - ein entschiedener Gegner der Frauenfabrikarbeit und der Frauenerwerbstätigkeit überhaupt, die er auf die Frauen eingeschränkt wissen möchte, die verwitwet oder geschieden sind oder deren Männer nicht genug zum Lebensunterhalt beitragen können. Zur gleichen Zeit lagen Untersuchungen von Fabrik- und Gewerbeinspektoren aus dem gesamten Reichsgebiet vor, die feststellten, daß überhaupt nur eine wirtschaftliche Notlage der Grund ist, warum Frauen in den Fabriken arbeiten. So kann Alice Salomon Pohles Behauptung widerlegen, daß die Frauen ihre häuslichen Pflichten vernachlässigen, um sich aus Vergnügungs- und Putzsucht der Fabrikarbeit zuzuwenden.

Die Reichs-Enquête über die Fabrikarbeit verheirateter Frauen
in: Centralblatt des Bundes deutscher Frauenvereine
2. Jg., Nr. 17, 1. Dezember 1900, S. 129 f
Nr. 18, 15. Dezember 1900, S. 138 f

Auswertung der Gewerbeinspektionsberichte der deutschen Länder aus dem Jahre 1899, in die auf Veranlassung der Reichsregierung auch spezielle Untersuchungen über die Fabrikarbeit verheirateter Frauen aufgenommen wurden. Die Enquête wurde vor allem auf Drängen der Zentrumspartei durchgeführt, die sich davon eine Grundlage für ihre Forderung nach einem generellen Verbot der Fabrikarbeit verheirateter Frauen erhoffte. Die Berichte der Gewerbeinspektionen ergaben aber das Gegenteil, nämlich daß für verheiratete Frauen, die in Fabriken arbeiten, eine zwingende materielle Notwendigkeit vorliegt. Wer die Volksgesundheit verbessern will, sollte für den 10- bzw. 9-Stundentag

für alle Arbeiterinnen eintreten, für die Ausdehnung des Wöchnerinnenschutzes und dafür, daß in besonders gesundheitsschädlichen Industriezweigen überhaupt keine Frauen beschäftigt werden.
Diese Argumente bringt die Frauenbewegung schon seit Jahren vor und Alice Salomon hofft, daß nun, wo sie sozusagen von Amts wegen bestätigt wurden, Taten folgen werden.
Die Broschüre "Die Fabrikarbeit verheirateter Frauen" (Frankfurt 1902) von Henriette Fürth stützt sich auf diese Untersuchungsergebnisse. Eine Besprechung davon unter dem Titel:

Die Fabrikarbeit verheirateter Frauen
in: Neue Bahnen
37. Jg., Nr. 14, 15. Juli 1902, S. 167 f

Eine ähnliche Besprechung, zusammen mit der des Buches von Konrad Agatid "Kinderarbeit und Gesetz gegen die Ausnutzung kinderreicher Arbeitskraft in Deutschland" (Jena 1902), unter dem Titel:

Frauenarbeit und Kinderarbeit
in: Ethische Kultur
10. Jg., Nr. 2, 31. Mai 1902, S. 172 ff

Fabrikarbeit und Mutterschaft
in: Die Frau
13. Jg., Heft 6, März 1906, S. 365-369

Besprechung einer Untersuchung, die von Wilhelm Feld im Auftrage der Zentrale für private Fürsorge über "Die Kinder der in Fabriken arbeitenden Frauen und ihre Verpflegung" (1906) durchgeführt wurde. Die Untersuchung kommt zu dem Ergebnis, daß der größte Teil der Kinder von Fabrikarbeiterinnen in Crimmitschau und anderen Betrieben der sächsischen Textilindustrie nur sehr unzureichend versorgt und beaufsichtigt werden, da entweder nicht genügend Pflegestellen eingerichtet sind oder die bestehenden zu unpraktisch und zu teuer sind, so daß die Fabrikarbeiterinnen den größten Teil ihres Lohnes für die Betreuung der Kinder aufwenden müßten. Alice Salomon knüpft daran die Frage, ob die Fabrikarbeit der Frauen überhaupt erstrebenswert ist und ein sozialpolitisches Ziel sein sollte, oder ob nicht besser darauf hingearbeitet werden sollte, daß Frauen zu dieser Art von Erwerbsarbeit nicht mehr gezwungen sind, sondern sich ganz den Aufgaben der Hausfrau und Mutter und den geistigen und sittlichen Kulturaufgaben widmen können.

Die Rentabilität der Fabrikarbeit verheirateter Frauen
in: Die Frau
18. Jg., Heft 9, Juni 1911, S. 513-525

Besprechung einer Forschungsarbeit von Rose Otto: Über Fabrikarbeit verheirateter Frauen (1910). Die Ergebnisse dieser Untersuchung widerlegen die Behauptung, die oftmals gegen die Erwerbstätigkeit verheirateter Frauen vorgebracht wurde, daß die außerhäusliche Fabrikarbeit die Frauen an einer rationellen Haushaltsführung hindere, die Aufwendungen für die Betreuung der Kinder, Essen im Gasthaus und die Besorgung anderer häuslicher Arbeiten, wie Wäsche und Reparaturen durch Fremde, den Lohn der Fabrikarbeiterin wieder aufzehrten, so daß die erwerbstätige Ehefrau letztlich das Familieneinkommen gar nicht vergrößere. Rose Otto hatte dagegen bei ihren Untersuchungen in Arbeiterfamilien festgestellt, daß nach Abzug der zusätzlichen Aufwendungen die erwerbstätige Ehefrau immer noch 20-30% zum Familieneinkommen beiträgt. Eine rationelle Haushaltsführung wie in bürgerlichen Haushalten ist auch der nicht-erwerbstätigen Arbeiterehefrau gar nicht möglich, da die Einkommens- und Wohnverhältnisse keine Vorratswirtschaft erlauben und außerdem die Fabrikarbeiterin zusätzlich noch in den Nachtstunden und an Sonntagen alle häusliche Arbeit erledigt, so daß dafür keine Geldaufwendungen nötig sind. Die Fabrikarbeit der verheirateten Frau ist also für die Einzelfamilie in jedem Fall rentabel, aber die notwendige Aufbesserung des Familieneinkommens wird mit der doppelten Arbeitsbelastung der Frau erkauft. Die Ergebnisse dieser Untersuchung sind nach Alice Salomon ein neues Argument zur Begründung der sozialpolitischen Forderungen zur Verbesserung der Lage der Arbeiterinnen.

Weibliche Gewerbeaufsicht

Weibliche Gewerbeinspektion in Preußen
in: Centralblatt des Bundes deutscher Frauenvereine
1. Jg., Nr. 21, 1. Februar 1900, S. 167-168

Nach Bayern und Hessen ist seit dem Jahre 1900 auch im preußischen Etat die Besoldung von zwei Gewerbeinspektions-Assistentinnen vorgesehen, wie sie schon seit einigen Jahrzehnten von unterschiedlicher Seite gefordert wurde, um den Betrieben mit vorwiegend weiblicher Arbeiterschaft gerecht zu werden. Alice Salomon äußert in diesem Beitrag die Hoffnung, daß die Wahl auf zwei qualifizierte Frauen fällt, die auf Anregung des Bundes deutscher Frauenvereine schon seit geraumer Zeit in Fragen der Gewerbeordnung, der Gewerbehygiene und des Staats- und Verwaltungsrechts ausgebildet wurden, denn ungeeignete und schlecht ausgebildete Frauen würden den Gegnern der Frauenarbeit auf diesem Gebiet wieder Argumentationsstoff liefern.

Die weiblichen Gewerbeaufsichtsbeamten in Deutschland und ihr Wirkungskreis im Jahre 1900
in: Centralblatt das Bundes deutscher Frauenvereine
3. Jg., Nr. 9, 1. August 1901, S. 66-67
Nr. 10, 15. August 1901, S. 75-77

Zusammenfassung der Jahresberichte aus dem Jahre 1900 der Gewerbeinspektionen der deutschen Länder. Alice Salomon geht vor allem darauf ein, wie in diesen Jahresberichten die Arbeit der ersten weiblichen Gewerbeinspektoren beurteilt wird. Trotz anfänglicher Widerstände seitens der Unternehmer und der männlichen Gewerbeinspektoren haben sie sich gut bewährt und zahlreiche Mißstände in Betrieben mit vorwiegend weiblicher Belegschaft, insbesondere Übertretungen der Arbeiterinnenschutzgesetze und der Sicherheitsvorschriften, aufgedeckt.

Die weibliche Gewerbeinspektion in Deutschland
in: Die Frau
10. Jg., Heft 2, November 1902, S. 94-103

Alice Salomon schildert hier anhand der Jahresberichte von 1901 der preußischen, bayrischen, sächsischen und badischen Fabrikinspektionen die Arbeit der ersten weiblichen Fabrikinspektoren in Deutschland. Im allgemeinen ist es ihnen gelungen, sich trotz anfänglicher Widerstände in dieser Stellung zu behaupten und das Vertrauen der Arbeiterinnen zu gewinnen, die ihnen - eher als den männlichen Gewerbeinspektoren - ihre Beschwerden vortragen. Auch bei den Revisionen in Betrieben mit vorwiegend weiblicher Belegschaft und Betrieben der Heimindustrie haben die Inspektorinnen sich bewährt und zahlreiche Beanstandungen wegen ungesetzlicher Arbeitszeit, ungeeigneter Beschäftigung, fehlender Schutzvorschriften, hygienischer und sittlicher Mißstände und Nichtbeachtung des Wöchnerinnenschutzes erhoben.

Die Gewerbeaufsicht im Jahre 1902
in: Centralblatt des Bundes deutscher Frauenvereine

5. Jg., Nr. 10, 15. August 1903, S. 75 f und Nr. 11,
1. September 1903, S. 82 f

Zusammenfassung und Besprechung der Jahresberichte der Gewerbeinspektionen der deutschen Länder aus dem Jahre 1902. Alice Salomon hebt vor allem hervor, wie sich die Arbeit und der Einfluß der weiblichen Aufsichtsbeamten entwickelt haben, welche Mißstände sie in der Frauenarbeit aufdeckten und welche Forderungen sie hinsichtlich der Verbesserung der Arbeitssituation der Frauen stellen. Ein großes Problem ist weiterhin die mangelnde Organisationsfähigkeit der Frauen, die es nicht schaffen, für sich selbst höhere Löhne und Arbeitszeitverkürzung zu erkämpfen, sondern sich stattdessen auf staatliche Regelungen verlassen.

Frauen vor dem Gewerbegericht
in: Die Frau
8. Jg., Heft 1, Oktober 1900, S. 20-22

Bericht über die Lohnstreitigkeiten zwischen den Arbeiterinnen in den Berliner Wasch- und Plättanstalten und ihren Arbeitgebern, die im Juli 1900 mit Verhandlungen und einem Schiedsspruch des Berliner Gewerbegerichtes endete. Es war dies das erste Mal, daß eine nur aus Frauen bestehende Berufsorganisation vor das Gewerbegericht zog. Der Schiedsspruch brachte bedeutende Lohnverbesserungen für die Frauen und eine Verkürzung und Regelung ihrer Arbeitszeit. Alice Salomon knüpft daran die Forderung, daß endlich auch in Deutschland Frauen Wahlrecht und Wählbarkeit zu den Gewerbegerichten erhalten sollen, da die Verhandlungen über die Belange der Wäscherinnen und Plätterinnen, einer ausschließlich weiblichen Berufsgruppe, die Berechtigung dieser Forderung deutlich gemacht haben.

Verschiedene Industriezweige und Berufsgruppen

Frauenarbeit in der Pforzheimer Bijouterieindustrie
in: Die Frau
8. Jg., Heft 12, September 1901, S. 710-713

Besprechung einer von der Badischen Fabrikinspektion herausgegebenen Monographie: Die soziale Lage der Pforzheimer Bijouteriearbeiter (Karlsruhe 1901). Alice Salomon hat dieses Buch ausgewählt, um den Konsumentinnen der Luxusgüter eine Einblick in die Produktionsbedingungen in der Luxusgüterindustrie zu geben und den Zusammenhang zwischen der Konsumentin und der Arbeiterin herzustellen. Neben den Einkommensunterschieden von Mann und Frau, der geschlechtlichen Arbeitsteilung innerhalb der Betriebe, der außerhäuslichen Kinderbetreuung, der Kinderarbeit und den Problemen der Saisonarbeit scheint ihr die Frage nach der Verwendung der Einkommen von großem Interesse. Diese werden, trotz relativ hoher Löhne, nicht für langlebige Gebrauchsgüter und "höhere Kulturbedürfnisse" ausgegeben, sondern zur unmittelbaren Befriedigung spontaner Bedürfnisse. Eine Aufgabe der Frauen aus der Mittelschicht sieht sie darin, hier aufklärend und erzieherisch zu wirken.

Arbeitsverhältnisse in den Schokoladenfabriken
in: Soziale Praxis
14. Jg., Nr. 13, 29. Dezember 1904, Sp. 318-320

Bericht über die Lage der Arbeiterinnen in den Berliner Schokoladenfabriken, die auf einer Versammlung der Arbeiter der Berliner Schokoladenindustrie zur Sprache gekommen waren. Die Versammlung diente dazu, die Konsumenten kurz vor Weihnachten über die Arbeitsbedingungen aufzuklären, damit sie sich bei ihren Weihnachtseinkäufen daran erinnern, unter welchen Bedingungen die Weihnachtsschokoladen und -bonbons hergestellt werden. Insbesondere berichteten die Arbeiterinnen über die niedrigen Löhne, die weit unter dem Durchschnitt anderer Industrien liegen, über gesundheitsschädliche Arbeitszeiten, zu geringe Vergütung der Überstunden, Nicht-Vergütung der produktionsbedingten Ausfallzeiten und über ein außerordentlich hartes Strafsystem bei Verstößen gegen die Fabrikordnung. Alice Salomon fordert die Frauenvereine auf, es nicht bei dem "sich erinnern" an diese Zustände zu belassen, sondern praktisch tätig zu werden, indem sie zum Beispiel durch die Erstellung weißer Listen die Fabrikanten unter Druck setzen.

Die Kellnerinnenfrage - eine Frauenfrage
in: Die Frau
7. Jg., Heft 6, März 1900, S. 328-331

In diesem Beitrag referiert Alice Salomon die Studie von Fritz Trefz: Das Wirtsgewerbe in München. Eine wirtschaftliche und soziale Studie (Stuttgart 1899). Ein Abschnitt des Buches behandelt die Lage der Kellnerinnen, die zwar in Süddeutschland - solange die Frauen jung und hübsch sind - keine materielle Not leiden, deren Arbeitskraft aber extrem ausgebeutet wird: 7-Tage-Woche, 10- bis 14stündiger Arbeitstag, kaum Ruhepausen, Bezahlung nicht durch den Arbeitgeber, sondern durch die Trinkgelder der Gäste. Ferner werden die hoffnungslose Lage der alternden Kellnerin und die sittlichen Gefahren, die der Beruf mit sich bringt, behandelt. Alice Salomon kommt zu dem Ergebnis, daß eine Berufsorganisation der Kellnerinnen und breites Interesse der Frauenbewegung an ihrer Lage die Forderungen nach einer gesetzlichen Regelung der Arbeitsbedingungen durchsetzen muß.

Die Kellnerinnenfrage auf dem Fachkongreß der Gastwirtsgehilfen
in: Centralblatt des Bundes deutscher Frauenvereine
1. Jg., Nr. 24, 15. März 1900, S. 193-194

Bericht über den Fachkongreß der Gastwirts-Gehilfen Deutschlands in Berlin vom 6. bis 9. März 1900, auf dem die geplanten gesetzlichen Maßnahmen zum Arbeitsschutz im Gastwirtsgewerbe verhandelt wurden. Auf diesem vorwiegend von männlichen Gastwirts-Gehilfen besuchten Kongreß wurde zwar auch die Kellnerinnenfrage behandelt, allerdings ging es den Kellnern weniger darum, die Mißstände bei den Arbeitsbedingungen ihrer Kolleginnen abzuschaffen, sondern die Kellnerinnen selbst abzuschaffen. Der überwiegende Teil der Beiträge und Anträge zu dieser Frage war von der Furcht vor der weiblichen Konkurrenz bestimmt. Alice Salomon sieht für die Kellnerinnen nur die Möglichkeit, in einer eigenen Organisation ihre Interessen zu vertreten und sie nicht der schlechten männlichen Fürsprache zu überlassen.

Der Kampf gegen die Animierkneipen
in: Centralblatt des Bundes deutscher Frauenvereine
10. Jg., Nr. 8, 15. Juli 1908, S. 57-58

Bericht über eine Konferenz, die vom Deutschen Verein gegen den Mißbrauch geistiger Getränke im Juni 1908 in Berlin einberufen wurde und auf der das Problem der Animierkneipen behandelt wurde. Die Referenten sprachen über die Mißstände in diesen Kneipen und über die Arbeitsbedingungen und sittlichen Gefährdungen der Animiermädchen. Als Gegenmaßnahme wurde vor allem die Einschränkung der Frauenarbeit im Gastgewerbe vorgeschlagen. Eine Aufgabe für die Frauen der Frauenbewegung könnte die moralische Fürsorge für die Animiermädchen sein, obgleich Alice Salomon der Ansicht ist, daß es eher auf eine moralische Erziehung der wachsenden Zahl von Männern, die die Animierkneipen besuchen, ankommt.

Arbeiterinnenclub

Ein Arbeiterinnen-Klub in Berlin
in: Soziale Praxis
12. Jg., Nr. 37, 11. Juni 1903, Sp. 994-996
ebenso in: Frauendienst
2. Jg., Nr. 11. November 1903, S. 413 ff

Beschreibung der Gründung, Ziele und Einrichtungen des Arbeiterinnen-Klubs in der Brückenstraße 8 in Berlin. Alice Salomon geht in diesem Beitrag vor allem auf die Ziele des Klubs ein, die - neben der Ausgabe eines preiswerten und gesunden Mittagessens - vor allem darin bestehen, einen Beitrag zur Erziehung und Bildung der Arbeiterinnen zu leisten, sie dem verrohenden Einfluß des Kneipenlebens zu entziehen, ihnen die Grundsätze von Hygiene, ökonomischer Wirtschaftsführung und verfeinerter Kultur nahezubringen und sie zur Solidarität und zur Entwicklung und Durchsetzung ihrer Interessen im Berufsleben zu befähigen.

Zehn Jahre Arbeiterinnenheime
in: Centralblatt des Bundes deutscher Frauenvereine
10. Jg., Nr. 17, 1. Dezember 1908, S. 132-133

Rückblick auf Entstehung und Entwicklung der ersten Berliner Arbeiterinnenheime, wobei Alice Salomon vor allem noch einmal auf die Motive ihrer Gründung hinweist. Sie wurden von Mädchen und Frauen des Bürgertums im Sinne Arnold Toynbee's und der englischen Settlementsbewegung gegründet und sollten als Freizeit-, Kultur- und Bildungsstätten - teilweise auch mit Wohn- und Essensmöglichkeiten für die Arbeiterinnen - dem Kennenlernen und der Versöhnung der Klassen dienen.

Kapitel 6

Sozialarbeit im 1. Weltkrieg

Von Kriegsnot und -hilfe und der Jugend Zukunft

Von Kriegsnot und -hilfe und der Jugend Zukunft
Verlag B. G. Teubner, Leipzig und Berlin 1916, 141 S.

In diesem Band sind zum Teil schon vorher in Zeitschriften veröffentlichte Aufsätze gesammelt. Der erste Teil befaßt sich mit den Auswirkungen des Krieges und mit den Anforderungen, die er - auch im Hinblick auf künftige Friedenszeiten - an die soziale Arbeit stellt. Der zweite Teil enthält Vorträge an die Jugend, insbesondere an die weibliche Jugend, die durch die kriegsbedingte Auflösung sozialer Beziehungen und sittlicher Normen vor besonderen Schwierigkeiten steht und schon während des Krieges neuen Idealen zugeführt werden muß, damit sie in der Lage ist, nach dem Krieg eine neue, menschlichere Gesellschaft zu schaffen. Der Band enthält folgende Aufsätze und Vorträge:

- **Soziale Hilfe in und nach dem Kriege**
Vortrag, gehalten bei der Kriegstagung des Deutschen Verbandes der Jugendgruppen und Gruppen für soziale Hilfsarbeit, Berlin, März 1916.
Zuerst veröffentlicht in der Wochenschrift "Deutsche Politik", Heft 37, Bd 134.

- **Nationaler Frauendienst**
Ein Brief an die Studenten im Felde, wurde verfaßt für die Liebesgabe Deutscher Studenten "Deutscher März", 1915, Bd 119.

- **Die Träger der Hinterbliebenenfürsorge**
Vortrag, gehalten bei der Tagung des Deutschen Vereins für Armenpflege im April 1915.
Zuerst veröffentlicht in: Schriften des Deutschen Vereins, Heft 103, 1915, Bd 123.

- **Die immer am Abgrund standen**
zuerst erschienen in: Berliner Tageblatt Nr. 432, 1915, Bd 124.

- **Wie kann die soziale Arbeit unser Volk innerlich verbinden?**
Vortrag, gehalten in einer Versammlung der Gruppen für soziale Hilfsarbeit, Berlin, Januar 1916.
Zuerst veröffentlicht in: Die Frauenfrage, 1916, Bd 128.

- **Krieg und Luxus**
Vortrag, gehalten im Februar 1915 in den Abendvorlesungen der Sozialen Frauenschule Berlin.
Zuerst veröffentlicht in: Die Frau, Jg. 1915, Bd 117.

- **Was können die Frauen zur sittlichen Erneuerung des Volkslebens tun?**
Vortrag, gehalten im Juni 1915 in einer Frauenversammlung zu Schöneberg in Verbindung mit dem kirchlichen "Frauensonntag".
Zuerst abgedruckt in : Neue Bahnen, 1916, Bd 127.

- **Die weibliche Jugend im Kriege**
Vortrag, gehalten in der Jahresversammlung der Mädchen- und Frauengruppen für soziale Hilfsarbeit, Berlin, Oktober 1915.
Zuerst veröffentlicht in: Die Frauenfrage, 1915, Bd 122.

- **Die Erziehungskunst in der Jugendpflege**
Vortrag, gehalten im Kursus für Jugendpflegerinnen des Evangelischen Verbandes zur Pflege der weiblichen Jugend, Januar 1916 in Tambach.
Zuerst veröffentlicht in: Ratgeber der Jugendvereinigungen, 1916, Bd 125.

- **Die Stellung der Jugend zur sozialen Frage**
Vortrag, gehalten bei der Generalversammlung des Deutschen Verbandes der Jugendgruppen, Berlin, März 1913.
Zuerst veröffentlicht in: Die Frau, Heft 8, 1913, Bd 110.

- **Soziale Jugendgruppen und moderne Jugendbewegung**
Vortrag, gehalten bei der Kriegstagung des Deutschen Verbandes der Jugendgruppen und Gruppen für soziale Hilfsarbeit in Berlin, März 1916.
Zuerst veröffentlicht in: Die Frauenfrage, 1916, Bd 131.

- **Familie, Beruf und Jugendpflege als Erziehungsmächte der weiblichen Jugend**
In diesem Aufsatz behandelt Alice Salomon die Frage, welche Anforderungen die veränderten sozialen Bedingungen an die Mädchenerziehung stellen und wie sich Familie, Beruf und Jugendpflege diese

Aufgaben teilen können, so daß ihre Arbeit zu einem Miteinander und nicht zu einem Gegeneinander wird. Neben der Definition des allgemeinen Erziehungszieles, nämlich die Mädchen auf ihre neuen Aufgaben in Familie, Beruf und öffentlichem Leben vorzubereiten, werden die Aufgaben der jeweiligen Institutionen umrissen.

Soziale Hilfe in und nach dem Kriege
Vortrag, gehalten bei der Kriegstagung des Deutschen Verbandes der Jugendgruppen und Gruppen für soziale Hilfsarbeit, Berlin, März 1916
in: Deutsche Politik
   Heft 37

Der Aufsatz behandelt die besonderen Anforderungen, die der Krieg an die soziale Arbeit stellt. Soziale Arbeit in Kriegszeiten unterscheidet sich für Alice Salomon erheblich von der sozialen Arbeit unter normalen Bedingungen. Die sogenannten höheren Bedürfnisse wie Bildung, Erziehung, Erholung müssen hinter dem Kampf um die Erhaltung der nackten Existenz zurückstehen. Trotzdem muß versucht werden, die pädagogischen Ziele der Sozialarbeit hinüberzuretten; denn nach Kriegsende hängt alles davon ab, ob es Nachwuchs für qualifizierte Arbeit gibt und ob die sozialen Werte und Reformen der Vorkriegszeit überlebt haben.
Außerdem hat es die Kriegsfürsorge mit einem anderen Personenkreis zu tun: große Teile der Mittelschicht, die vorher nicht auf materielle Hilfe angewiesen waren, sind nun vom allgemeinen Elend erfaßt.
Ein anderes Aufgabengebiet der Kriegs- und Nachkriegsfürsorge ist die Hilfe für die Invaliden, die nicht nur materielle, sondern auch seelische Unterstützung brauchen, um sich in die Familien und die Gesellschaft wiedereinzugliedern.

Nationaler Frauendienst
Ein Brief an die Studenten im Felde
in: Deutscher März, 1915, S. 129-133

Der Brief berichtet mit großem Pathos den Studenten im Felde von der Arbeit des nationalen Frauendienstes in der "Heimat" und stellt die Verbundenheit von Männern und Frauen her, die mit jeweils unterschiedlichen Mitteln den Krieg unterstützen, "ihrem Volke dienen", wie sich Alice Salomon hier ausdrückt.

Aufgaben und Träger der Hinterbliebenenfürsorge
Referat auf der allgemeinen deutschen Tagung, einberufen vom Deutschen Verein für Armenpflege und Wohltätigkeit am 16. und 17. April 1915 in Berlin
in: Soziale Fürsorge für Kriegerwitwen und Kriegerwaisen
103. Heft 1915, S. 7-13 [19]

Zwei verschiedene Gruppen von Trägern der Hinterbliebenenfürsorge mit unterschiedlichen Funktionen werden einander gegenübergestellt: jene, die den Kriegerwitwen und -waisen Geldmittel zur Verfügung stellen, wie zum Beispiel die staatlichen Hinterbliebenenrente, Stiftungen und Sammelstellen für Hinterbliebene und andererseits die beratenden, pflegenden und fürsorgenden Organisationen, deren Aufgabe die Familienpflege in den Hinterbliebenenfamilien ist. Die Aufgaben dieser Organisationen - Ortsausschüsse zur Fürsorge für Kriegerwitwen und -waisen, Frauenvereine, Rechtsschutzstellen, Berufsberatungsstellen, Gewerkschaften, Arbeitsvermittlungen und Kinderschutzvereine - werden im einzelnen beschrieben: nämlich den Hinterbliebenenfamilien zu helfen, sich der neuen Lebenssituation anzupassen, Kriegerwitwen bei der Arbeitssuche zu unterstützen bzw. ihnen eine Berufsausbildung zu ermöglichen, Hilfe bei der Durchsetzung von Rentenansprüchen und Unterstützung bei der Kindererziehung. Ferner werden die Anforderungen seelsorgerischer Art an den Sozialarbeiter formuliert.

Die immer am Abgrund standen
in: Berliner Tageblatt
Nr. 432, 1915 [20]

Dieser Artikel berichtet über die Kriegsfürsorge für die Angehörigen der freien Berufe: Künstler und Wissenschaftler, die der Krieg in eine besonders schwierige Lage gebracht hat.
Weder besteht eine Nachfrage nach Unterhaltungskunst, noch gibt es Aufträge für begabte und qualifizierte Architekten, Bildhauer, Maler oder Schriftsteller.
Alice Salomon macht hier einen Unterschied zwischen "niederen" Unterhaltungskünstlern, Privatlehrern, Inhabern von Musikschulen, Sprachinstituten und Zeichenklassen einerseits und "gehobenen" Künstlern andererseits, da beide Gruppen - abgesehen von der matie-

---

19 einen weiteren Artikel zu diesem Thema siehe unten.
20 einen weiteren Bericht zu diesem Thema siehe unten.

riellen Unterstützung, die alle brauchen - einer unterschiedlichen Fürsorge bedürfen. Die Fürsorgestellen für die Angehörigen freier Berufe - wie sie zum Beispiel der Nationale Frauendienst in Berlin eingerichtet hat - sollen die Unterhaltungkünstler möglichst in andere Berufe umschulen, die ihnen ein besseres Auskommen bieten und sie vor dem sozialen Verfall schützen, während für die hochbegabten und qualifizierten Künstler und Intellektuellen Mittel gefunden werden müssen, daß sie ihre Talente nicht aufzugeben brauchen und sie für Friedenszeiten erhalten.

Wie kann die soziale Arbeit unser Volk innerlich verbinden?
Vortrag, gehalten auf einer Versammlung der "Gruppen für soziale Hilfsarbeit"
in: Die Frauenfrage
18. Jg., Nr. 5, Januar 1916

Alice Salomon geht von der These aus, daß das Volk in zwei Nationen mit verschiedenen Kulturen gespalten sei - Arme und Reiche, gebildete Klasse und Arbeiterklasse. Zwischen diesen Kulturen gibt es keinen Austausch. (Begründer dieser Theorie: Disraelis)
Alice Salomon erinnert daran, daß es das Ziel der "Gruppen für soziale Hilfsarbeit" seit ihrer Gründung sei, die innere Verbindung zwischen den beiden Gruppen herzustellen und den Klassenkampf zu überwinden. Diese Aufgabe ist im Krieg umso wichtiger (der Aufsatz ist von 1916, d.h. aus dem 3. Kriegsjahr). Von der Herstellung des "inneren Friedens" hänge auch der äußere Frieden ab. Der "innere Frieden", d.h. die Überwindung der Klassengegensätze könne aber nur durch persönlichen Kontakt der jeweiligen Klassenangehörigen untereinander erreicht werden. Soziale Arbeit, soweit sie sich nicht auf rein materielle Hilfeleistungen beschränkt, kann diesen Kontakt herstellen, indem die Sozialarbeiter aus den gebildeten Schichten auf die Arbeiterbevölkerung zugehen, ihr Leben kennenlernen, ihre Sorgen und Nöte zu ihren eigenen machen und so ihr Vertrauen gewinnen.
Der Erfolg der Arbeit hängt allerdings von der "Disposition der Seele" ab, von der Fähigkeit des Sozialarbeiters zur Einfühlung und Selbstaufgabe, wozu ihm ein inneres moralisches Gesetz oder religiöse Inspiration die Kraft verleihen.

Krieg und Luxus
Vortrag, gehalten im Februar 1915 in den Abendvorlesungen der Sozialen Frauenschule Berlin.
in: Die Frau
    22. Jg., Heft 12, September 1915, S. 708-718

Die Behandlung des Luxus als sittliches Problem im Zusammenhang mit dem Krieg ist ein Teil der Alice Salomon beschäftigenden Fragestellung, wie die Leiden und Erschütterungen des Krieges dazu beitragen können, die Nation zu einer höheren sittlichen Kultur zu führen. Bei ihrer Definition des Begriffes Luxus unterscheidet sie zwischen einem Luxus, der einem höheren sittlichen Leben dient und einem verwerflichen, dekadenten Luxus, der die schöpferischen Lebenskräfte des Menschen hemmt, wobei wenige ihre ausschweifenden materiellen Bedürfnisse durch die Arbeit vieler befriedigen. Die deutsche Nation hat durch einseitige Betonung des Materiellen vor dem Kriege ihre ehemaligen idealistischen Werte vernachlässigt. An die Stelle der ethischen Bewertung des Luxus ist im 19. Jahrhundert die volkswirtschaftliche getreten, die das Luxusbedürfnis als marktbildende Kraft, Voraussetzung für neue Industrien und fiskalische Einnahmequelle, begrüßt. Alice Salomon widerlegt die volkswirtschaftliche Bewertung durch den Hinweis, daß die moralische Schwächung des Volkes auch der Volkswirtschaft schaden kann und daß die Volkswirtschaft unter einer ethischen Wertung des Luxus nicht zu leiden braucht, wenn dadurch auch die Produktion zu höheren, vernünftigeren, sittlicheren Zielen geführt wird. Alice Salomon fordert dazu auf, den Krieg als einen Anlaß zu nutzen, zu einfacheren Lebensgewohnheiten, Idealen und Opferbereitschaft zurückzukehren.

Was können die Frauen zur sittlichen Erneuerung des Volkslebens tun?
Vortrag, gehalten im Juni 1915 in einer Frauenversammlung zu Schöneberg in Verbindung mit dem kirchlichen "Frauensonntag"
in: Neue Bahnen
    51. Jg., Nr. 16, 15. August 1916, S. 89 ff
    Nr. 17, 1. September 1916, S. 94 ff

In diesem Vortrag geht Alice Salomon davon aus, daß der Weltkrieg ein Krieg des "deutschen Idealismus" sein soll. Die Opfer, die der Krieg fordert, müßten demzufolge einen Sinn haben und zu einer "sittlichen Erneuerung" des Volkes führen.

Sie fordert die Frauen des Bürgertums auf, hierzu die Initiative zu ergreifen. Sie sollen in ethischer Beziehung auf die Männer einwirken und schon während des Krieges die Bedingungen für ein "höheres" Leben nach der Rückkehr der Soldaten schaffen. Die "sittliche Erneuerung" beginnt mit materiellen Opfern: die sollen zur seelischen Gesundung des Einzelnen und zur Überwindung der Klassengegensätze führen. Die Frauen des Bürgertums sollen sich nicht über die Arbeiterfrauen beschweren, die nicht zu solchen Opfern bereit sind, sondern lieber selbst mit gutem Beispiel vorangehen.

Die Frauen sollen das Familienleben neu gestalten und es zu einer "Schule der Gemeinschaft" machen.

Die weibliche Jugend im Kriege
Vortrag, gehalten in der Jahresversammlung der Mädchen- und Frauengruppen für soziale Hilfsarbeit, Berlin, Oktober 1915
in: Die Frauenfrage
17. Jg., Nr. 16, 16. November 1915, S. 121 ff
Nr. 17, 1. Dezember 1915, S. 130 ff

Es geht hier um die besonderen Probleme der weiblichen Jugend im Kriegseinsatz. Zum einen sind es materielle Probleme, zum anderen persönliche: während des Krieges ist es sehr schwierig, einen Mann zu finden und eine Familie zu gründen. So werden Beruf und der Einsatz am Kriegsgeschehen als Kompensation betrachtet. Alice Salomon berichtet darüber, daß sich zum Beispiel zu Beginn des Krieges massenhaft auch unqualifizierte Frauen zur Arbeit in den Lazaretten meldeten, um sich direkt am Krieg - der "großen Aufgabe" - beteiligen zu können oder daß andere Frauen einen zivilen Beruf, in dem sie dringend gebraucht werden, aufgeben, um nach einer mehr Erfüllung versprechenden Tätigkeit zu suchen.

Alice Salomon fordert die Erzieher auf, für die Mädchen einen Bereich zu schaffen, wo ihre persönlichen und emotionalen Bedürfnisse befriedigt werden können.

Die gleichen Gedanken stehen in den Aufsätzen:

Die seelischen Gefahren der weiblichen Jugend
Ansprache, gehalten bei der Jugendpflegekonferenz der Zentralstelle für Volkswohlfahrt, 28. Oktober 1915
in: Der Jungdeutschland-Bund
4. Jg., Nr. 24, 15. Dezember 1915, S. 185-187

Berufsprobleme im Krieg
in: Vor uns der Tag. Eine Gabe deutscher Studentinnen in großer Zeit.
Furche-Verlag, Cassel 1916, S. 35-42

Die Zukunft der weiblichen Jugend
in: Reclams Universum
35. Jg., Heft 50, 11. September 1919, S. 267-271

Die Erziehungskunst in der Jugendpflege
in: Ratgeber für Jugendvereinigungen
10. Jg., Heft 7, Juli 1916, S. 102-104
Heft 8, August 1916, S. 116-118

Vortrag, gehalten im Kursus für Jugendpflegerinnen des Evangelischen Verbandes zur Pflege der weiblichen Jugend, Januar 1916 in Tambach. Inhalt dieses Vortrags ist das pädagogische Prinzip Alice Salomons im Hinblick auf die Mädchenerziehung. Behandelt werden die Anforderungen, die der Funktionsverlust des Elternhauses und die frühe wirtschaftliche Selbständigkeit der Mädchen an eine über das schulpflichtige Alter hinausgehende Jugendpflege stellen. Erziehungskunst ist für Alice Salomon weniger eine methodische Frage, sondern die Fähigkeit der Erzieherin, kraft ihrer persönlichen Integrität Einfluß auf die Mädchen zu gewinnen, sie dazu zu veranlassen, Führung und Autorität freiwillig anzunehmen, wobei das Ziel nicht dauernde Abhängigkeit von Führung, sondern die Entwicklung einer selbständigen, von eigenen inneren Werten geleiteten Persönlichkeit ist. Die konkreten Erziehungsziele sind neben der allgemeinen Hinführung zu höheren Idealen Pietät und Rücksicht im Verhältnis zum Elternhaus, die Herausbildung eines Arbeitsethos und die Fähigkeit zur Einordnung im Berufsleben, eine würdevolle Haltung in der Beziehung zum männlichen Geschlecht.

Die Stellung der Jugend zur sozialen Frage
in: Die Frau
20. Jg., Heft 8, Mai 1913, S. 449-459
auch erschienen als Sonderdruck, Verlag W. Moeser, 11 S.

In diesem Vortrag, der bei der Generalversammlung des Deutschen Verbandes der Jugendgruppen im März 1913 gehalten wurde, geht es um die Veränderung, die die Einstellung der Jugend zur sozialen Frage im Laufe der historischen Entwicklung erlebt hat. Nach Alice Salomons Meinung war sie anfänglich im 19. Jahrhundert ein Protest der Jugend der bürgerlichen Klasse gegen die Ungleichheit von Geburt und Besitz, getragen von einem Ideal der Gerechtigkeit und dem Erwachen eines neuen staatsbürgerlichen Bewußtseins. Da aber die Jugend eher zufällig mit dem sozialen Elend konfrontiert wurde und bei der Verarbeitung ihrer Eindrücke ohne Anleitung blieb, kam sie zu radikalen Ideen und Theorien und der extremen Forderung, daß das gesamte soziale System umgestürzt werden müsse. Aus diesem aufgewühlten psychischen Zustand mußten die jungen Mädchen erst herausfinden, um zu praktischer sozialer Arbeit zu gelangen. Aus der praktischen Tätigkeit hat sich aber ein Einstellungswandel ergeben. Die soziale Frage wird nun in ihrer ganzen Kompliziertheit gesehen und nicht mehr auf eine einzige Ursache, wie zum Beispiel die ungerechte Verteilung der Güter oder das kapitalistische Wirtschaftssystem, zurückgeführt. Ausgehend von der Feststellung, daß die sozialistische Arbeiterbewegung eine materialistische, auf ökonomische Fragen ausgerichtete Bewegung ist, will Alice Salomon demgegenüber zu einer idealistischen Anschauung der sozialen Frage gelangen, die die desolate geistig-seelische Verfassung des kapitalistischen Menschen als das Grundübel betrachtet. Zu einer solchen Haltung sieht sie bei der neuen Jugend die besten Voraussetzungen. Da die Mädchen nicht mehr von den sozialen Problemen ferngehalten werden, da die soziale Frage zu einem Bestandteil des öffentlichen Lebens und der Erziehung geworden ist, können sie unter Anleitung zu einer sozialen Gesinnung finden, die den "kapitalistischen Menschen" von innen heraus verändert und gleichzeitig verhindert, daß die Jugend aufgrund plötzlicher Erschütterungen durch die Konfrontation mit dem Elend zu extremen Ideen, in Opposition zu ihrer Klasse, ihrem Elternhaus und der Gesellschaftsordnung gelangt.

Soziale Jugendgruppen und moderne Jugendbewegung
Vortrag, gehalten auf der Kriegstagung des deutschen Verbandes der Jugendgruppen und Gruppen für soziale Hilfsarbeit in Berlin, März 1916, nachgedruckt
in: Die Frauenfrage
    18. Jg., Nr. 17, 1. September 1916, S. 129-131
        Nr. 18, 16. September 1916, S. 137-139
        Nr. 19, 1. Oktober 1916, S. 145-148

Es geht um die Beziehungen der Gruppen für soziale Hilfsarbeit zur Jugendpflege und zur Jugendbewegung.
Unter "Jugendpflege" versteht Alice Salomon die Organisierung der Jugendlichen - vor allem der Volksschüler/innen - in Verbänden, Vereinen und Parteien. Unter "Jugendbewegung" versteht Alice Salomon die im Verband "Freideutsche Jugend" zusammengefaßten Gruppen: das sind vor allem intellektuelle Jugendliche, und sie arbeiten - im Gegensatz zu den ersteren - ohne Anleitung Erwachsener.
Nach Alice Salomons Meinung nehmen die Gruppen für soziale Hilfsarbeit eine Zwischenstellung ein. Mit der "Jugendpflege" haben sie gemeinsam, daß sie ihre Mitglieder zu bestimmten Zielen hinführen wollen, daß sie auch ein Zweckverband sind. Mit der "Jugendbewegung" haben sie gemeinsam, daß die Gruppen durch Jugendliche geleitet werden. Außerdem sind viele Mädchen der "Gruppen für soziale Hilfsarbeit" ebenfalls Mitglied der freideutschen Jugend oder zumindest von deren Ideen beeinflußt.
Alice Salomon findet die Arbeit und die Ideen der freideutschen Jugend problematisch. Positiv findet sie das Streben nach Einfachheit, einem gesunden Lebensstil und die Abkehr von der Überflußgesellschaft. Negativ findet sie die Ablehnung jeglicher Autorität und Tradition.
Abschließend entwickelt Alice Salomon eine Synthese zwischen traditionellen und neueren Bestrebungen für Jugendliche und vor allem für Mädchen.

Fürsorge in Kriegszeiten - Fürsorge in Friedenszeiten

Wie können die Jugendgruppen ihre Aufgaben während der Kriegszeit lösen?
in: Blätter für soziale Arbeit
7. Jg., Nr. 8, August 1915, S. 57-60

In diesem Beitrag behandelt Alice Salomon die Frage, wie die Gruppen für soziale Hilfsarbeit, die aufgrund der vermehrten Aufgaben der Kriegssituation die theoretische Arbeit vernachlässigt haben, ihre Zusammenkünfte und ihre Ausbildung wieder aufnehmen können, um auch die Kriegswohlfahrtspflege auf ein qualifizierteres Niveau zu heben. Die Mitarbeiterinnen der Gruppen müssen die besondere Situation und die besonderen Aufgaben des Krieges verstehen, um angemessen handeln zu können. Zur ersten Information und zum Selbststudium verweist Alice Salomon auf andere ihrer Schriften, in denen die Probleme der Kriegswohlfahrtspflege und ihre Beziehung zur Friedenswohlfahrtspflege behandelt werden. Ferner empfiehlt sie Schriften anderer Autoren, in denen die Umgestaltung der zivilen Verwaltung zur Militärverwaltung, die soziale Kriegsarbeit und die Möglichkeiten behandelt werden, wie Frauen und Jugendliche sich durch soziale Arbeit an der nationalen Aufgabe - nämlich den Krieg zu gewinnen - beteiligen und ihre Person in den Dienst der Gesamtheit stellen können.

Probleme der sozialen Kriegsfürsorge
in: Kriegsjahrbuch des Bundes Deutscher Frauenvereine 1915
Im Auftrage des Bundes Deutscher Frauenvereine.
    herausgegeben von Dr. Elisabeth Altmann-Gottheimer
    Verlag B. G. Teubner, Leipzig/Berlin 1915, S. 49-60

Der Aufsatz behandelt die Grundsätze der Kriegsfürsorge, deren wichtigste einmal die Erhaltung der bestehenden Wohlfahrtspflege der Friedenszeiten, zum anderen die Herausbildung einer speziellen Kriegsfürsorge für allein durch den Krieg in eine Notlage geratene Bevölkerungsgruppen sind. Wenn die Errungenschaften sozialer Arbeit und sozialer Reform der vergangenen Jahrzehnte, die nicht nur Befriedigung materieller Bedürfnisse, sondern in erster Linie "Kulturarbeit in höherem Sinn" waren, durch die Massennotlage des Krieges nicht verloren gehen sollen, muß die bisherige Arbeit der Wohlfahrtspflege, wenn auch in eingeschränkter Form, fortgeführt werden. Aus diesem Grunde ist es notwendig, die Bedürftigen, die auch in Friedenszeiten auf Hilfe und Unterstützung angewiesen sind, von Kriegshinterbliebenen, kriegsbedingten Arbeitslosen und Flüchtlingen zu trennen, für letztere gesonderte Institutionen und Formen der Hilfe zu schaffen: Nahrungsmittel- und Mietunterstützung, Arbeitsbeschaffung, Flüchtlingsfürsorge.

Das Verhältnis der Kriegswohlfahrtspflege zur Friedenswohlfahrtspflege
in: Die Frau
    22. Jg., Heft 9, Juni 1915, S. 545-551

In diesem Aufsatz behandelt Alice Salomon Unterschiede und Verbindungen zwischen Kriegs- und Friedenswohlfahrtspflege. Einmal geht es ihr darum, die Wohlfahrtspflege der Friedenszeiten, ihre sozialen und kulturellen Bestrebungen auch im Krieg und über den Krieg hinaus zu erhalten. Sie kritisiert die Wohlfahrtsvereine, die sich bei Ausbruch des Krieges überstürzt an die kriegsbedingten Aufgaben gemacht hatten und die sozialen Probleme der Friedenszeiten, die durch den Krieg noch gravierender wurden, vernachlässigten. Ferner behandelt Alice Salomon die Methoden und Maßnahmen der Kriegswohlfahrt, die sich von der Friedenswohlfahrt aus dem Grunde unterscheiden müssen, daß man es hier mit einem Massennotstand zu tun hat, in den weite Bevölkerungsschichten einbezogen sind, so daß hier der kulturelle und pädagogische Aspekt hinter dem materiellen Aspekt zurücktritt. Die Verbindungen zwischen beiden Arten der Wohlfahrtspflege liegen in der Heranziehung des qualifizierten Personals. Die gut geschulten Kräfte der Friedenswohlfahrtspflege sind, ebenso wie ihre Fähigkeit zu individualisierender Hilfe, auch im Kriege unentbehrlich.

Die Bedeutung der sozialpolitischen Maßnahmen der Kriegszeit
in: Die Frau
22. Jg., Heft 10, Juli 1915, S. 596-605

In diesem Aufsatz untersucht Alice Salomon die kriegsbedingten sozialpolitischen Maßnahmen, die ihrer Ansicht nach das Deutsche Reich in einen Staatssozialismus unter dem Oberkommando der Militärverwaltung verwandelt haben, auf ihre Brauchbarkeit für künftige Friedenszeiten. Sozialpolitische Maßnahmen, für die sowohl bürgerliche Sozialreformer als auch die Sozialdemokratie jahrzehntelang gekämpft hatten, sind in der Kriegssituation durch Dekrete der Militärverwaltung und mit Zustimmung breiter Bevölkerungskreise eingeführt worden: Unterstützung der bedürftigen Familien der Dienstverpflichteten, Arbeitslosenunterstützung, Unterstützung der Wöchnerinnen, Bekämpfung der Arbeitslosigkeit durch zentrale Arbeitsplatzverteilung, Überwachung der Tarifverträge, zentrale Versorgung der Bevölkerung mit Nahrungmitteln (Rationierung und Festsetzung der Preise). Alice Salomon ist der Ansicht, daß ein Teil dieser Regelungen und die Bereitschaft, individuelle Interessen hinter das Gesamtwohl zurückzustellen, in einem parlamentarischen System der Friedenszeit erhalten bleiben sollten.

Aufgaben der Hausfrauen im Krieg

Wirtschaftliche Kriegshilfe der Hausfrauen
in: Die Frauenfrage
15. Jg., Nr. 15, 1. November 1914, S. 113 ff

In diesem Beitrag fordert Alice Salomon die deutschen Frauen auf, in ihrem Wirkungsbereich, dem Haushalt, einen Beitrag zur Versorgung des Volkes während der Kriegsjahre zu leisten. Durch Sparsamkeit und Einschränkung können sie dazu beitragen, daß der Brotpreis niedrig bleibt und die Grundnahrungsmittel für alle Bevölkerungsschichten erschwinglich bleiben.

Die Frauen des Bürgertums sollen mit gutem Beispiel vorangehen und statt des reinen Roggen- oder Weizenbrotes das Kriegsbrot mit Kartoffelmehlanteil kaufen. Ferner sollen sie sich dafür einsetzen, daß zur Einsparung von Petroleum auch die Arbeiterhaushalte mit elektrischem Licht oder Gaslicht versorgt werden. Lokale Frauenausschüsse können außerdem Abfallverwertungsstellen organisieren, damit Abfälle noch als Viehfutter verwendet werden können. Schließlich fordert Alice Salomon Haushaltungsschulen und Kochkurse, in denen der Umgang mit Ersatzmitteln für knapp gewordene Lebensmittel gelernt werden kann.

Kriegsdienst im deutschen Haushalt
in: Die Frauenfrage
16. Jg., Nr. 21, 1. Februar 1915, S. 161 ff
sowie unter dem Titel Kriegsdienst im Haushalt in: Der Kunstwart
28. Jg., Nr. 10, Februar 1915, S. 138 ff

Besprechung zweier von Paul Eltzbacher herausgegebener Bücher, in denen die Ernährungsfrage im Krieg unter volkswirtschaftlichen und ernährungsphysiologischen Gesichtspunkten behandelt wird: "Die deutsche Volkswirtschaft und der englische Aushungerungsplan" und "Ernährung in der Kriegszeit" (beide Bücher erschienen im Vieweg Verlag/Braunschweig).

Alice Salomon geht vor allem auf die praktischen Ratschläge ein, insbesondere auf die Umstellung der Ernährung. So sollen die reichlich vorhandenen Lebensmittel Milch, Kartoffeln, Zucker stärker verbraucht werden, während die knappen Nahrungsmittel Butter, Eier, Fett, Fleisch, Getreide rationiert werden müssen.

Die Kriegerwitwe auf dem Lande
in: Die Frau
24. Jg., Heft 3, Dezember 1916, S. 149-154

Besprechung einer vom Arbeitsausschuß der Kriegerwitwen und Waisenfürsorger herausgegebenen Schrift über "Landfrage und Kriegswitwe" (Berlin 1917). In dieser Schrift wird die Frage untersucht, ob und unter welchen Bedingungen städtische Kriegerwitwen und -waisen auf das Land umgesiedelt werden sollen, wie die Abwanderung der Kriegerwitwen vom Land in die Stadt verhindert werden kann und wie die Witwen der Landwirte bei der Weiterführung des Landwirtschaftsbetriebs unterstützt werden können.

Fürsorge für Kriegsgeschädigte und Hinterbliebene

Die Mitarbeit der Frau an der Fürsorge für Kriegsbeschädigte
in: Neue Bahnen
50. Jg., Nr. 16, 15. August 1915, S. 122 ff
sowie in: Johanniter-Ordensblatt
56. Jg., Nr. 9, 8. September 1915, S. 104 ff

In diesem Beitrag zeigt Alice Salomon die Möglichkeiten der sozialen Kriegsfürsorge auf, die nach - oder schon während - der körperlichen Genesung dazu beitragen sollte, den Kriegsverletzten in ein ziviles Leben zurückzuführen. Die Fürsorgerinnen arbeiten sowohl in den Lazaretten mit den verwundeten Soldaten, als auch mit deren Familien und ehemaligen Arbeitgebern, mit denen neue Arbeitsmöglichkeiten beraten werden.
Die soziale Kriegsfürsorge wird koordiniert durch ein "Zentralkomitee der Frauenarbeit an der Fürsorge für Kriegsbeschädigte und ihre Angehörigen". Alice Salomon ruft die Frauen der Frauenvereine auf, sich an dieser Arbeit zu beteiligen.

Die Fürsorge für die Hinterbliebenen der gefallenen Krieger
in: Die Frau
22. Jg., Heft 7, April 1915, S. 385-595

Zusammenstellung der Bestimmungen des Beamten-Hinterbliebenen-Gesetzes und des Militär-Hinterbliebenen-Gesetzes mit den jeweiligen

Anspruchsvoraussetzungen und zu erwartenden Rentenzahlungen. Alice Salomon stellt fest, daß die Rentenzahlungen, vor allem für die unteren Dienstgrade, zu gering sind und in den meisten Fällen nicht dem Einkommen der Männer in ihrem zivilen Beruf entsprechen. Sie weist auf die Möglichkeit zusätzlicher Renten aus verschiedenen Stiftungen hin und begründet die Notwendigkeit weiterer Zusatzrenten. Ferner sollen die Kriegerwitwen und Kriegerwaisen neben der materiellen Unterstützung auch eine beratene Fürsorge erhalten. Den Witwen soll durch Berufsberatung und Berufsausbildung der Eintritt in das Berufsleben ermöglicht werden, und für die Waisen ist eine Erziehungsberatung einzurichten, die den Verlust des väterlichen Einflusses ersetzen kann.

Die Fürsorge für Angehörige der freien Berufe des Nationalen Frauendienstes in Berlin
in: Zeitschrift für das Armenwesen
17. Jg., Heft 9/10, September/Oktober 1916, S. 263-277

Bericht über die Tätigkeit des Nationalen Frauendienstes in der Fürsorge für Angehörige der freien Berufe und durch den Krieg in eine Notlage geratene Angehörige der Mittelschichten. Der Bericht enthält Übersichten über die Anzahl der betreuten Personen, Alter, Familienstand, Geschlecht, Beruf, Einkommen vor und nach Kriegsbeginn; ferner Übersichten über die Maßnahmen des Nationalen Frauendienstes, wie Höhe der finanziellen Unterstützung, Erfolge bei der Arbeitsvermittlung, Überweisung an andere Institutionen. Er enthält außerdem eine Liste der an der Kriegsfürsorge beteiligten öffentlichen und privaten Institutionen.

Vom Leben deutscher Helferinnen in einer östlichen Etappe
in: Die Frauenfrage
19. Jg., Nr. 20, 1. November 1917, S. 153 ff

Bericht von einer Inspektionsreise in ein Etappengebiet an der polnisch-russischen Grenze. Alice Salomon untersucht auf dieser Reise die Lebensbedingungen der deutschen Helferinnen, die dort von der Militärkommandantur als Hilfspersonal in der Verwaltung oder zum Beispiel als Schneiderinnen oder Köchinnen eingesetzt werden.
Alice Salomon kommt es vor allem darauf an, die Härte der Anforderungen und die körperlichen und moralischen Bedingungen, unter

denen die Frauen leben müssen, darzustellen. Mit diesem Aufsatz hofft sie, weitere geeignete Frauen für diese Arbeit zu gewinnen und ungeeignete vom Etappendienst fernzuhalten.

Wie stellt sich der soziale Arbeiter und die einzelne Organisation der privaten Wohlfahrtspflege auf die neuen Verhältnisse ein?
in: Concordia
26. Jg., Nr. 14, 15. Juli 1919, S. 113-116
außerdem in: Gemeinwohl
32. Jg., Nr.8, November 1919, S. 170-179

Der Beitrag behandelt die Frage, ob und wie die freien Wohlfahrtsorganisationen und die einzelnen sozial engagierten Mitarbeiter nach dem Krieg und der Umgestaltung Deutschlands weiterarbeiten können. Alice Salomon fordert die Sozialarbeiter des Bürgertums und die vom Bürgertum getragenen Wohlfahrtsvereine auf, ihre Vorbehalte gegen den Sozialismus und die Sozialdemokratie zu überwinden und sich auch von dem Haß und der Zerstörung der Revolution nicht abschrecken zu lassen, sondern unbeirrt an ihrem ursprünglichen Prinzip - der Überwindung des Klassenhasses - festzuhalten und zusammen mit den Sozialdemokraten an ihrem gemeinsamen Ziel zu arbeiten, nämlich der Herstellung einer neuen, gerechteren, auf Mitbestimmung und Selbstverwaltung beruhenden Gesellschaftsordnung.

Notdienst der Berliner Frauen
in: Die Frau
    Herausgegeben von Helene Lange und Gertrud Bäumer.
    Verlag F. A. Herig, Berlin
    31. Jg., Heft 3. Dezember 1923, S. 67-71

Beschreibung der Tätigkeit und Organisation des Notdienstes der Berliner Frauen, der sich aufgrund des Währungszusammenbruchs, der daraus entstandenen Massennot und des Zusammenbruchs des sozialen Sicherungssystems gegründet hatte. Frauenvereine, freie Wohlfahrtsorganisationen, Mieterräte und Privatpersonen hatten in Zusammenarbeit mit kommunalen Sozialbehörden und weiblichen Stadtverordneten nachbarschaftliche Hilfsdienste organisiert: Volksküchen, Wärmestuben, Spenden von Lebensmitteln und anderen notwendigen Gebrauchsgegenständen, gegenseitige Hilfe bei der Hausarbeit.

Kapitel 7

Sozialarbeit im Ausland

Amerika

Soziale Arbeit in Amerika
in: Leben und Wirken
4. Jg., Heft 3, Dezember 1909, S. 115 ff
auch als Sonderdruck erschienen, außerdem - gekürzte Fassung -
in: Centralblatt des Bundes deutscher Frauenvereine
11. Jg., Nr. 13, 1. Oktober 1909, S. 97 ff
Nr. 14, 15. Oktober 1909, S. 105 ff

Der Beitrag befaßt sich in erster Linie mit den Settlements, die Alice Salomon als die einzigartige und grundlegende Form der sozialen Arbeit in Amerika bezeichnet, weil ihr Ziel nicht so sehr darin liegt, für materielles Wohlergehen zu sorgen, sondern das kulturelle Niveau des Stadtteils, in dem sie sich ansiedeln, zu fördern. Meistens sind dies Stadtteile mit einem hohen Emigrantenanteil. Alice Salomon beschreibt einige der wichtigsten Aktivitäten der großen Settlements in Chicago und New York: Clubs für kulturelle Arbeit und politische Diskussion werden gebildet, es gibt Festveranstaltungen, handwerklichen Unterricht. Die Settlements werden selbstverwaltet, um die Teilnehmer schon als Kinder an die Prinzipien eines demokratischen Gemeinwesens zu gewöhnen. Bedeutend erscheint Alice Salomon auch der hohe Anteil der Frauen in führenden Positionen und die Leichtigkeit, mit der in Amerika Geldmittel für gemeinnützige Unternehmen beschafft werden können.

Amerikanische Gesichtspunkte zur sozialen Berufsbildung
in: Soziale Praxis
41. Jg., Heft 24, 16. Juni 1932, Sp. 746-751

Besprechung des Buches von Edith Abbott, Leiterin der Abteilung für soziale Ausbildung an der Universität von Chicago, über "Social Welfare and Professional Education" (Chicago 1931). Edith Abbott vertritt die Auffassung, daß die Ausbildung zum sozialen Beruf in die Universitäten eingegliedert werden sollte, um die soziale Arbeit auf eine breite sozialwissenschaftliche Grundlage zu stellen und die Studenten nicht nur zur individuellen Fürsorgearbeit, sondern auch zu planerischen, organisatorischen und zu Aufgaben der Sozialreform zu befähigen. Alice Salomon diskutiert diese Auffassung und die in diesem Zusammenhang vorgeschlagenen Maßnahmen und kommt zu dem Ergebnis, daß das deutsche System, zumindest für deutsche Verhältnisse, eine bessere Alternative darstellt, nämlich die praxisorientierte Ausbildung an den Wohlfahrtsschulen, die auf die große Masse der künftigen Sozialarbeiter zugeschnitten ist, aus deren Kreis dann wiederum die besonders Begabten eine weiterführende Ausbildung zu leitenden Stellungen innerhalb der Sozialverwaltung und Sozialforschung anstreben können.

Amerikanische Wohlfahrtspflege

Amerikanische Wohlfahrtspflege
in: Die Fürsorge
1. Jg., Nr. 8, August 1924, S. 90-92

Bericht über Grundsätze und Einrichtungen der amerikanischen Wohlfahrtspflege kurz nach Alice Salomons Rückkehr von ihrer Reise in die Vereinigten Staaten. Insbesondere ist ihr die Unterteilung der amerikanischen Wohlfahrtspflege in drei Bereiche aufgefallen: die individualisierende Fürsorge (case work), die meist im Kindesalter einsetzt und sich auf die Vorstellung von "geistiger Hygiene" gründet, gestützt auf Methoden und Erkenntnisse der Psychologie, Psychoanalyse und Verhaltensforschung; die Gruppenfürsorge, die sich in den kulturellen und sozial-pädagogischen Bestrebungen der Settlements konzentriert; die Forschung, die sich vor allem auf die Methoden und Techniken erfolgreicher Fürsorgearbeit richtet. Alice Salomon will die amerikanischen Methoden der Wohlfahrtspflege zunächst nicht bewerten, sondern erst einmal in Deutschland nach der langen kriegsbedingten Abgeschlossenheit eine Beschäftigung mit der Wohlfahrtspflege anderer Länder anregen.

Eindrücke von amerikanischer Wohlfahrtspflege
in: Soziale Praxis
33, Jg., Nr. 39, 25. September 1924, Sp. 824-827

Der Beitrag behandelt die Besonderheiten der amerikanischen im Vergleich zur europäischen, insbesondere der deutschen, Wohlfahrtspflege. Den Hauptunterschied sieht Alice Salomon darin, daß die amerikanische Wohlfahrtspflege nicht eine staatlich geregelte Armenverwaltung ist, sondern viel stärker als in Europa sozialpädagogische Arbeit auf privater Basis leistet. Anschließend beschreibt sie einige konkrete Arbeitsbereiche der amerikanischen Wohlfahrtspflege: die Arbeit der Zentralvereine für Gesundheit und geistige Hygiene, die Aufklärungskampagnen in Schulen und Kindergärten über Körperpflege, zweckmäßige Nahrung und sexuelle Hygiene, die soziale Krankenhausfürsorge und die soziale Integrationsarbeit der Settlements.

Amerikanische Methoden der Ausbildung für die Wohlfahrtspflege
in: Die Fürsorge
2. Jg., Nr. 18, 20. September 1925, S. 275-277

In diesem Beitrag vergleicht Alice Salomon zunächst die amerikanischen mit den deutschen Methoden der Ausbildung für die Wohlfahrtspflege. Während in Deutschland im Unterricht der Schwerpunkt auf der historischen Entwicklung, den weltanschaulichen Grundsätzen und den bestehenden Gesetzen und Einrichtungen der Wohlfahrtspflege liegt, aus denen dann die Maßnahmen für den konkreten Fall abgeleitet werden (deduktive Methode), verfährt die amerikanische Ausbildung gerade umgekehrt: sie geht vom konkreten Fall aus, anhand dessen die Schüler im Unterricht eine methodische Anleitung in der Technik der Fürsorgearbeit erhalten (induktive Methode). Obwohl Alice Salomon nicht der Ansicht ist, daß man in Deutschland das amerikanische System im Ganzen übernehmen sollte, hält sie es doch für überlegenswert, ob nicht auch in Deutschland im Unterricht eine Anleitung anhand von Fallsammlungen eingeführt werden sollte. In diesem Zusammenhang bespricht sie zwei amerikanische Lehrbücher der Wohlfahrtspflege, in denen anhand von Aktenmaterial aus der Familienfürsorge und der Emigrantenarbeit die Techniken der Wohlfahrtspflege studiert werden können. Ferner bietet dieses Material nach Alice Salomons Ansicht den Schülern die Möglichkeit, aus den Mißerfolgen der Fürsorgearbeit aufgrund mangelnder gesetzlicher und institutioneller Vorkehrungen Vorschläge für soziale Reformen auszuarbeiten.

Industrielle Frauenarbeit in Amerika
in: Die Frau
18. Jg., Heft 1, Oktober 1910, S. 11-22

Besprechung des Buches von Edith Abbott: Women in Industry. A Study in American Economic History (1910). Es handelt sich um eine Untersuchung der gewerblichen Frauenarbeit in Amerika seit den Anfängen der europäischen Besiedlung. Zwei Gesichtspunkte erscheinen Alice Salomon dabei bemerkenswert: Einmal ist die gewerbliche Arbeit in Amerika - im Gegensatz zu Europa - zu Anfang fast ausschließlich Frauenarbeit gewesen und zwar eine qualifizierte und hoch bezahlte Arbeit, die von den Frauen ausdrücklich verlangt wurde. Während der Mann in der Landwirtschaft arbeitete, stellten die Frauen im Hause Textilien und andere gewerbliche Güter her. Später folgten sie ihrer Arbeit in die neu entstandene Fabrikindustrie. Erst allmählich setzte dann auf diesem Gebiet der Prozeß der Verdrängung der Frauenarbeit durch den Mann ein. Der zweite Gesichtpunkt ist die Entwicklung der geschlechtlichen Arbeitsteilung in der amerikanischen Industrie. Sie verläuft keineswegs geradlinig und ist auch nicht festgeschrieben, sondern richtet sich flexibel nach sich wandelnden politischen und ökonomischen Faktoren, zum Beispiel wurde sie beeinflußt durch die jeweiligen Einwanderungswellen, durch den amerikanischen Bürgerkrieg, durch die Einführung neuer Produktionstechniken und durch den jeweiligen Bedarf an Arbeitskräften. Alice Salomon betrachtet dieses Buch als eine Argumentationsgrundlage gegen die tagespolitische Meinung, daß die Frau ins Haus gehöre und zu industrieller Arbeit ungeeignet sei.

Zum Alkoholverbot

Die Soziale Wirkung des amerikanischen Alkoholverbots
in: Reichsarbeitsblatt
Jg. 1924, Nr. 26, 24. November, nichtamtlicher Teil, S. 583 ff

Der Beitrag beschreibt zunächst die historische Entwicklung, die in den Vereinigten Staaten zu einem nationalen Verbot der gewerbsmäßigen Herstellung und des Verkaufs von Alkohol geführt hat (1920). Sodann vergleicht Alice Salomon Statistiken verschiedener Institutionen (Gerichte, Krankenhäuser, Trinkerheime, Nachtasyle, Familienfürsorge), die mit den sozialen Auswirkungen des Alkoholismus zu tun haben und stellt fest, daß gegenüber der Situation vor dem Verbot eine entscheidende Verbesserung eingetreten ist. Sie hält das Verbot also für richtig. Kritikern hält sie entgegen, daß in den USA zwar weiterhin getrunken werde, aber nur noch von denen, die sich teure Schmuggelware leisten können. Für diejenigen, die in den Elendsquartieren leben, sei es nach dem Verbot kaum mehr möglich, sich Alkohol zu besorgen.

Ein ähnlicher Artikel erschien unter dem Titel:

Die Wirkungen des amerikanischen Alkoholverbots
in: Zentralblatt für Jugendrecht und Jugendwohlfahrt
18. Jg., Nr.2, Mai 1926, S. 37-41

Alice Salomon fordert in diesem Artikel das Alkoholverbot auch für Deutschland.

Außerdem:

Die Wirkung des Alkoholverbots in Amerika
in: Die Frau
31. Jg., Heft 11, August 1924, S. 333-336

Noch einmal:

Die Wirkung des Alkoholverbots in Amerika
in: Reichsarbeitsblatt
N. F. Bd. 5, Nr. 12, 26. März 1925, Nichtamtlicher Teil, S. 202 f

Schlußwort zur Frage der sozialen Wirkung der Prohibition. Nach dem Erscheinen des ersten Artikels von Alice Salomon zu dieser Frage im Reichsarbeitsblatt (s. o.) hatte es einige Erwiderungen gegeben, die die von Alice Salomon herausgestellten positiven Wirkungen bezweifelten. Daraufhin versucht Alice Salomon in diesem Artikel noch einmal mit entsprechendem Datenmaterial ihre Position zu bekräftigen.

England

Die neuere Entwicklung der englischen Wohlfahrt

Die neuere Entwicklung in der englischen Wohlfahrtspflege
in: Die Fürsorge
   1. Jg., Nr. 15, 5. Dezember 1924, S. 194-196
      Nr. 16, 20. Dezember 1924, S. 209-211
   2. Jg., Nr. 2, 20. Januar 1925, S. 22-24

Der Beitrag beschreibt die Entwicklung der englischen Wohlfahrtspflege von der ehemaligen polizeilichen Armenpflege hin zu einem System, in dem weite Bereiche der sozialen Vorsorge und Fürsorge gesetzlich geregelt sind und somit einen Rechtsanspruch der Bürger begründen oder, wenn keine gesetzliche Regelung vorliegt, doch öffentliche Institutionen eingerichtet wurden, die diese Aufgaben wahrnehmen. Alice Salomon beschreibt im einzelnen das System der englischen Gesundheitsfürsorge und Gesundheitspflege, der Krankenversicherung, der Wöchnerinnenunterstützung, der Jugendfürsorge, der beruflichen Fürsorge für Jugendliche, der Erwerbslosenversicherung und der Altersrenten. Ferner beschreibt sie die Bemühungen, den sozialen Druck im Mutterland dadurch zu mildern, daß die Auswanderung in die Kolonien unterstützt und gefördert wird. Im zweiten Teil geht es um die Entwicklung der Volksbildungsbewegung, den Ausbau der Fabrikwohlfahrtspflege und die Beziehungen zwischen öffentlicher und privater Wohlfahrtspflege.

Soziale Ausbildung in den angelsächsischen Ländern
in: Die Frau
   33. Jg., Heft 6, März 1926, S. 336-346
      Heft 7, April 1926, S. 398-407

Besprechung zweier Studien über die Ausbildung zur sozialen Arbeit in England (Elizabeth Macadam: The Equipment of the Social Worker, London 1925) und in den Vereinigten Staaten (James H. Tuft: Education and Training for Social Work, New York 1923). Alice Salomon geht auf die Vorstellungen und Ziele ein, die der Ausbildung in den jeweiligen Ländern zugrundeliegen (sozialethische und philosophische Richtung in England, Praxisbetonung in Amerika). Sie behandelt Lehrpläne,

Auswahl und Ausbildung der Lehrkräfte und Organisation der Schulen, die in England und Amerika - im Unterschied zu Deutschland - an die Universitäten angeschlossen sind. Ferner berichtet sie über neue Spezialisierungen innerhalb der Wohlfahrtspflege (z. B. die Einführung der Betriebs- und Arbeitspsychologie in England) und über die charakteristischen Merkmale einzelner Schulen. Im Vergleich beider Ausbildungssysteme mit dem deutschen System erörtert sie die Frage, welche Anregungen in Deutschland aufgegriffen werden können bzw. in welchen Punkten sich das deutsche System als vorteilhafter erwiesen hat.

Aus der Arbeit des Commonwealth Fund
in: Deutsche Zeitschrift für Wohlfahrtspflege
6. Jg., Nr. 1, April 1930, S. 21-25

Bericht über die Tätigkeit der 1918 gegründeten Commonwealth-Stiftung (New York), die vor allem auf dem Gebiet der "mental hygiene", Sozialhygiene und Erziehungsberatung arbeitete. Alice Salomon stellt einige Publikationen der Stiftung vor, in denen anhand von Einzelfällen aus der Erziehungsberatung (child guidance clinics und visiting teachers), aus sozialhygienischen Projekten und Maßnahmen der Gesundheitsaufklärung Forschungsergebnisse und Erfahrungen zusammengetragen wurden. Alice Salomon empfiehlt deutschen Sozialarbeitern diese Publikationen, die ihrer Ansicht nach über lehrreiche Beispiele individualisierender pädagogischer Arbeit berichten (die im Gegensatz zur deutschen, ausschließlich auf wirtschaftliche und gesundheitliche Aspekte gerichteten Schulpflege steht), auch wenn sie in Deutschland nicht genau nachgeahmt werden kann.

Die Entwicklung der Sozialarbeit in England
in: Soziale Praxis
41. Jg., Heft 27, 7. Juli 1932, Sp. 855-859

Darstellung der Entwicklung der englischen Sozialarbeit von der polizeilichen Armenverwaltung über die Gründung der freien Wohlfahrtsvereine bis zur Übernahme wesentlicher Funktionen - Gesundheitswesen, Jugendfürsorge, Armenunterstützung - durch den Staat. Alice Salomon betont besonders, daß in England, im Gegensatz zu Deutschland, die private Wohlfahrtspflege und die freien Vereine ihre vorrangige Stellung, die sich im Laufe der Entwicklung herausgebildet hat, nicht eingebüßt haben.

Kinderschutz

Dr. Barnado's Rettungsarbeit
in: Die Jugendfürsorge
3. Jg., Heft 2, Februar 1902, S. 78-86

Beschreibung der Einrichtung der Barnado'schen Heime in England, die vernachlässigte, verwahrloste und vagabundierende Kinder aufnahmen. Diese wurden in kleinen Familiengruppen in Kinderdörfern auf dem Lande untergebracht oder erhielten, wenn sie älter waren, in größeren Heimen eine Berufsausbildung. Ein Teil der Kinder siedelte dann später unter Aufsicht in die britischen Kolonien über. Seit das preußische Fürsorgeerziehungsgesetz überall erhöhtes Interesse an der Erziehung verwahrloster Kinder hervorgerufen hat, sollte man sich nach Alice Salomons Ansicht mit den Methoden und Erfolgen Barnados beschäftigen und überlegen, ob in Deutschland ähnliche Einrichtungen für verwahrloste und vernachlässigte Kinder geschaffen werden können.

Der Schutz der Kinder vor Mißhandlung
in: Die Jugendfürsorge
4. Jg., Heft. 3, März 1903, S. 153-162

Schilderung der Tätigkeit und Erfolge der britischen "National Society for the Prevention of Cruelty to Children" (= NSPCC), der es gelungen war, einen Kinderschutzgesetzentwurf im Parlament durchzubringen und die mit der Kontrolle und Überwachung des Kinderschutzgesetzes - Schutz der Kinder vor Mißhandlungen durch die Eltern - betraut worden war. Alice Salomon ist der Ansicht, daß dieses Gesetz erst möglich geworden ist, seit sich durch die Kinderarbeitsschutzgesetze in den Fabriken die Ansicht durchgesetzt hat, daß verantwortungslosen Eltern nicht die unbeschränkte Autorität über ihre Kinder überlassen werden darf, daß sie nicht das Recht haben, das Leben ihrer Kinder zu verkaufen und daß man sich auch in der Erziehung nicht auf natürliche Elternliebe und Mutterinstinkt verlassen kann, sondern daß Staat und Gesellschaft in bestimmten Fällen ein Interesse und das Recht haben, einzugreifen. Die englische Gesellschaft verbindet den Schutz der Kinder vor Verwahrlosung und Mißhandlung mit der Erziehung der Eltern zu verantwortungsvollem Handeln und beantragt nur in aussichtslosen Fällen eine gerichtliche Verfolgung der Eltern, deren Bestrafung als abschreckende Maßnahme dienen soll. Alice Salomon verweist auf die bisherigen Erfolge der britischen Gesellschaft, um die noch in den Anfängen befindlichen Bestrebungen des deutschen Vereins zum Schutz der Kinder vor Ausnutzung und Mißhandlung zu fördern und zu ermutigen.

Settlementsbewegung

Soziale Settlements
in: Der Kunstwart
Bd. 26, Heft 24, September 1913, S. 427 ff

Beschreibung der Entstehung und Entwicklung der Settlements in den Großstädten Englands und Amerikas. Alice Salomon behandelt die Frage, warum sich diese Form der sozialen Arbeit, die sich weniger als Armenpflege und eher als Kulturarbeit versteht, gerade in England und Amerika entwickelt hat. Sie meint, daß es daran liegt, daß - vor allem in Amerika - diese Form der sozialen Arbeit gebraucht wird, um die vielen Einwanderer in die Gesellschaft zu integrieren.
Anschließend bringt Alice Salomon Beispiele:
Toynbee-Hall im Osten Londons. Dort werden sogenannte gebildete Schichten im Arbeiterviertel angesiedelt, damit sie die Lebensbedingungen der Arbeiter aus eigener Anschauung kennenlernen und zur Grundlage sozialer Reformen nehmen.
Weitere Beispiele sind die Settlements in Chicago und New York.[21]

Die englische Settlementsbewegung
in: Zeitschrift für das Armenwesen
15. Jg., Heft 7, Juli 1914, S. 207-215

Besprechung des Buches von Werner Picht: Toynbee Hall und die Settlements-Bewegung (Tübingen 1913). Picht beurteilt die Voraussetzungen, Entwicklung und die gegenwärtige Situation der Settlementsbewegung in England sehr kritisch. Er ist der Ansicht, daß die ursprüngliche Idee an ihrem eigenen Idealismus gescheitert sei, da sie zu hohe Anforderungen an die moralische Qualität und Opferbereitschaft der Settlementsbewohner aus den gebildeten Schichten gestellt habe. Nach einer kurzen romantisch-idealistischen Phase habe die von der

---

21 Vergleiche dazu in diesem Kapitel "Soziale Arbeit in Amerika".

Idee der Versöhnung getragene Begeisterung vor allem in den weltlichen Settlements einer pragmatischeren Haltung Platz gemacht, wobei die Settlements nunmehr nur noch die Funktion haben, Studenten, die eine Position in Planung und Verwaltung anstreben, als Ausgangspunkt für empirische Studien zu dienen. Alice Salomon ist der Ansicht, daß Picht mit seinem Buch der deutschen sozialen Bewegung, die ja stark von den englischen Ideen beeinflußt wurde, einen großen Dienst erwiesen hat, indem er versucht, einerseits die Prinzipien der englischen Bewegung zu verdeutlichen und zum anderen klar stellt, daß die soziale Bewegung - als Bewegung zur Überbrückung der Klassengegensätze - ohne den sozialen Idealismus der besitzenden und gebildeten Schichten zum Scheitern verurteilt ist.

Settlementsbewegung und Gruppen für soziale Hilfsarbeit
in: Die Jugendfürsorge
2. Jg., Heft 8, August 1901, S. 453-460

In diesem Beitrag vergleicht Alice Salomon die englische Settlementsbewegung mit den deutschen Mädchen- und Frauengruppen für soziale Hilfsarbeit. Sie haben dasselbe Ziel, nämlich Angehörigen der besitzenden und gebildeten Klassen die Möglichkeit zu geben, einen tieferen Einblick in und Verständnis für die Lage der Arbeiter zu gewinnen, so daß sie besser geschult und vorbereitet sind, tatsächlich wirksame Hilfe jenseits von politischen und religiösen Interessen zu leisten. Unterschiedlich sind jedoch die Formen, die die soziale Arbeit in England und Deutschland angenommen hat. Während in England die sozialen Arbeiter in den Settlements in den Arbeiterstadtteilen wohnen - zum Beispiel im Settlement Toynbee Hall in East London oder im Frauensettlement London Southwark - bilden die Mädchen- und Frauengruppen einen loseren Zusammenschluß, wobei die Mädchen weiterhin bei ihren Familien wohnen und sich zur Arbeit in die Anstalten und in die Familien der Hilfsbedürftigen begeben sowie zur Vertiefung ihrer Kenntnisse an regelmäßigen Kursen teilnehmen. Es wird jedoch von ihnen die gleiche Hingabe und Pflichterfüllung verlangt wie von den englischen Sozialarbeitern, die sich für ein Jahr verpflichten, im Settlement zu wohnen.

Fraueninitiativen

Die englische Frauen-Genossenschaftsgilde
in: Centralblatt des Bundes deutscher Frauenvereine
3. Jg., Nr. 12, 15. September 1901, S. 91-92

Beschreibung der in ganz England verbreiteten Frauen-Genossenschaftsgilde, einer Konsumentinnen-Vereinigung, die sich die Unterstützung der Genossenschaftsbewegung durch Aufklärung und praktische Teilnahme zum Ziel gesetzt hatte. Sie betrieb eigene Läden, in denen von Genossenschaftsbetrieben produzierte Waren verkauft wurden und setzte sich für genossenschaftlichen Wohnungsbau und andere genossenschaftliche Einrichtungen ein. Alice Salomon betrachtet diese Einrichtung als ein gutes Beispiel, wie Frauen als Konsumentinnen Einfluß auf die Produktions- und Lebensbedingungen der Arbeiter nehmen können.

Soziale Institute der englischen Landfrauen
in: Soziale Praxis
35. Jg., Nr. 33, 19. August 1926, Sp. 842

Beschreibung von Geschichte, Entwicklung, Zielen und Tätigkeit der ländlichen Fraueninstitute in Großbritannien anhand des Buches von J. W. Robertson Scott: The Story of the Women's Institute Movement in England, Wales and Scotland (1925). Die Institute wurden während des Krieges mit Unterstützung des Landwirtschafts- und Kriegsministeriums in ländlichen Gemeinden gegründet, u. a. mit dem Ziel, die Landfrauen zur Unterstützung der Kriegsproduktion in Fragen der Haushaltsführung, des Gartenbaus, der Kleintierzucht und der traditionellen Hausindustrie zu unterrichten. Nach dem Kriege erhielten diese Institute den Charakter von Bildungs- und Begegnungszentren für die Landfrauen, in welchen insbesondere rationelle Haushaltsführung und Fragen der Volksgesundheit und Hygiene unterrichtet wurden.

Volksheim-Bewegung

Walter Besant und die Volksheim-Bewegung
in: Centralblatt des Bundes deutscher Frauenvereine
3. Jg., Nr. 7, 1. Juli 1901, S. 49-51

Nachruf auf den englischen Schriftsteller Sir Walter Besant (1836-1901), der mit seinen Romanen, insbesondere "All Sorts and Conditions of Men" (1882), die Volksheim-und Volksbildungsbewegung in England anregte. Nach den in diesem Buch entwickelten Plänen wurde der "People's Palace", eine Freizeit- und Bildungseinrichtung für die Arbeiterbevölkerung in East London, errichtet. Alice Salomon würdigt Besant als einen Menschen, der erkannt hat, daß der sozialen Notlage mit Geld allein nicht abzuhelfen ist, sondern daß der persönliche Einsatz der reichen und gebildeten Schichten notwendig ist, um dem wachsenden Bildungsbedürfnis der Arbeiterklasse entgegenzukommen und so zum sozialen Frieden beizutragen.

Der Volkspalast in Ost-London
in: Soziale Praxis
10. Jg., Nr. 47, 22. August 1901, Sp. 1200-1202

Besprechung eines Handbuchs, in welchem die Gründungsgeschichte, die Ziele und Einrichtungen des People's Palace, der ersten Bildungs- und Freizeiteinrichtung in den östlichen Londoner Arbeitervierteln, vorgestellt werden (Guide to the People's Place. Being an Account of its Recreative Work and of the Educational Work of the East London Technical College. London 1900). Alice Salomon stellt den deutschen Anhängern der Volksbildungsbestrebungen diese Einrichtung vor, um ihnen ein konkretes Ideal für ihre Bemühungen vor Augen zu führen.

Vierzig Jahre Wohlfahrtsprobleme in London
in: Deutsche Zeitschrift für Wohlfahrtspflege
6. Jg., Nr. 11, Februar 1931, S. 667-674

außerdem erschienen Besprechungen unter dem Titel:
Vierzig Jahre Londoner Sozialgeschichte
in: Soziale Praxis
40. Jg., Heft 30, 23. Juli 1931, Sp. 985-991

sowie unter dem Titel:
Die Sozialgeschichte einer Weltstadt
in: Reichsarbeitsblatt
11. Jg., 1913, Teil II (Nichtamtlicher Teil), S. 228-230

Besprechung einer Untersuchung, die seit dem Jahre 1928 von der London School of Economics über Lebens- und Arbeitsbedingungen der Stadt London durchgeführt wurde (The New Survey of London Life and Labour). Die Untersuchung verstand sich als Fortsetzung des 1889 von Charles Booth begonnenen Unternehmens, der als einer der ersten die induktive Methode in der sozialen Arbeit anwandte und in den Jahren 1889 bis 1902 in soziologischen Erhebungen die Lebens- und Arbeitsbedingungen der Londoner Bevölkerung ermittelte. Alice Salomon faßt in ihrer Besprechung vor allem diejenigen Ergebnisse der neuen Untersuchung zusammen, die Aufschluß über das Problem der Armut geben und versucht herauszustellen, wie sich aufgrund der Maßnahmen der Sozialgesetzgebung und der Wohlfahrtspflege in den letzten vierzig Jahren die Lebensbedingungen der Londoner Bevölkerung verändert haben.

Beatrice Webb

Zur Verteidigung der Arbeiterschutzgesetze
in: Die Frau
9. Jg., Heft 7, April 1902, S. 410-415

Besprechung des Buches der englischen Nationalökonomin und Sozialreformerin Beatrice Webb: The Case for the Factory Acts (1901). Das Buch behandelt Theorie, Geschichte, Vorteile und Mängel der englischen Arbeitsschutzgesetzgebung. Besonders wichtig für deutsche Verhältnisse ist für Alice Salomon das Kapitel, in welchem Beatrice Webb die Einwände der Vertreter eines hemmungslosen Manchester-Kapitalismus gegen die Fabrikgesetzgebung entkräftet. Die Schwitzindustrien, in denen die Arbeiter ganz besonders ausgebeutet werden, d.h. weniger Lohn erhalten als ihnen an Arbeitskraft, an physischer und geistiger Gesundheit abverlangt wird, sind parasitische Industrien, die auf Kosten des nationalen Reichtums existieren, anstatt zum Reichtum der Volkswirtschaft beizutragen. Dasselbe gilt, nach Alice Salomon, auch für die deutsche Heimindustrie und deren ständig unterbezahlten und überausgebeuteten Arbeiterinnen. Da aber gerade die Arbeiter und vor allem die Arbeiterinnen der Schwitzindustrien nicht in der Lage sind, sich zu organisieren und ihre Forderungen selbst durchzusetzen, ist die Fabrikgesetzgebung eine Aufgabe des Staates, der für die Erhaltung des nationalen Reichtums der Arbeitskraft zu sorgen hat.

Beatrice Webbs Kampf gegen die Armut
in: Deutsche Zeitschrift für Wohlfahrtspflege
2. Jg., Nr. 2, Mai 1926, S. 57-62

Besprechung der Jugenderinnerungen von Beatrice Webb (My Apprenticeship, London 1926), worin diese ihre Auseinandersetzung mit den sozialen Strömungen und Theorien ihrer Zeit beschreibt, die sie schließlich zur wissenschaftlichen Sozialforschung führte. Sozialforschung und die Beschäftigung mit der Genossenschaftsbewegung bilden schließlich die Grundlage für ihr Konzept sozialer Reform, nämlich die Anwendung des genossenschaftlichen Prinzips auf die gesamte Nation mit den Mitteln der Sozialpolitik. Alice Salomon betont vor allem den Gegensatz von Beatrice Webbs Haltung zur sozialen Frage, die auf einer wissenschaftlichen Analyse der Gesellschaft beruht und sie auf dieser Grundlage reformieren will, zu denjenigen sozialen Strömungen, die sich aufgrund eines Gefühls von Verantwortung, Schuld und Nächstenliebe in privaten Wohltätigkeitsorganisationen zusammenschlossen.

Frankreich/Belgien/Polen

Frauenlöhne und Frauenelend
in: Die Frau
7. Jg., Heft 8, Mai 1900, S. 449-454

Besprechung des Buches von Comte d'Haussonville: Salaires et Misères des Femmes (Paris 1900), in welchem die Lage der Arbeiterinnen der Pariser Bekleidungsindustrie sowie die Lage der Frauen in niedrig entlohnten Angestelltenberufen beschrieben wird. Alice Salomon kritisiert die Maßnahmen, die d'Haussonville zur Besserung der Situation vorschlägt, da ihrer Meinung nach philantropische und private Wohltätigkeit weder ausreichend ist, noch das Bestehen eines Industriezweiges auf der Barmherzigkeit von Wohltätigkeitsorganisationen beruhen darf. Vielmehr geht es darum, daß die Arbeiterinnen sich in Selbsthilfe und durch Zusammenschluß in Berufsorganisationen die gesetzlichen Grundlagen für ausreichende Löhne und erträgliche Arbeitsbedingunen erkämpfen.

Die Reform des französischen Arbeitsschutzes und die Frauen
in: Die Frau
7. Jg., Heft 10, Juli 1900, S. 610-612

Kommentar zur Novelle des französischen Arbeiterschutzgesetzes vom 31. März 1900, worin die sofortige Einführung eines 11-stündigen Maximalarbeitstages für alle Arbeiter in gemischten Gewerbebetrieben - d.h. wo Männer, Frauen und Kinder beschäftigt sind - bestimmt wurde. Alice Salomon wertet dies als einen Erfolg und eine Ermutigung für die Vertreterinnen des gesetzlichen Arbeiterinnenschutzes und als eine Bestätigung ihrer Ansicht, daß die Arbeiterinnenschutzgesetze als ein Ausgangspunkt für einen allgemeinen Arbeiterschutz zu betrachten sind. Ferner sollte es sie ermutigen, sich für einen erweiterten Mutterschutz und die gesetzliche Anerkennung der Mutterschaftsleistung einzusetzen. Die soziale Sicherheit würde die Konkurrenz auf dem Arbeitsmarkt nicht steigern, sondern verringern.

Die Wohlfahrtsschulen in Frankreich und Belgien
in: Deutsche Zeitschrift für Wohlfahrtspflege
2. Jg., Nr. 11, Februar 1927, S. 560-564

Beschreibung von Entwicklung, Ausbildungszielen, Lehrplänen und Trägern der Wohlfahrtsschulen in Frankreich und Belgien, deren Unterschiede Alice Salomon auf die unterschiedliche nationale Entwicklung der Wohlfahrtspflege zurückführt (private und kirchliche Träger in Frankreich mit ihrer besonderen Verbindung zur katholischen Arbeiterinnenbewegung; dagegen weitgehend staatliche Organisation und Regelung in Belgien).

Die soziale Schule in Warschau
in: Deutsche Zeitschrift für Wohlfahrtspflege
2. Jg., Nr. 8, November 1926, S. 408-410

Beschreibung der Ziele, der Organisation, des Lehrplans und der Unterrichtsmethoden der 1925 in Warschau gegründeten polnischen Schule für soziale Arbeit und Volksbildung. Alice Salomon betont besonders, daß in Polen, wie in anderen Ländern auch, die Gestaltung der Schule aus den jeweiligen nationalen Erfordernissen erwächst, in Polen vor allem aus der Notwendigkeit des Aufbaus eines neuen Staatswesens und der nationalen Integration.

Internationaler vergleichender Überblick

Education for Social Work
A sociological Interpretation based on an International Survey. Published by the International Committee of Schools for Social Work with the support of the Russell Sage Foundation.
Verlag für Recht und Gesellschaft, Zürich-Leipzig 1937, 265 S.

Diesen vergleichenden Überblick über die Systeme der Ausbildung zum Sozialarbeiterberuf schrieb Alice Salomon noch vor ihrer Emigration. Da sie in Deutschland keine öffentliche Tätigkeit mehr ausüben durfte, hatte ihr die Russell Sage Foundation aufgrund der Vermittlung einer Gruppe führender Sozialarbeiterinnen in den USA die Mittel zu dieser Untersuchung zur Verfügung gestellt. Ausführlich beschrieben werden die nationalen Systeme der Sozialarbeiterschulen in Frankreich, Deutschand (unter Berücksichtigung der besonderen Vorstellungen des Nationalsozialismus, deren Beurteilung aufgrund der Umstände etwas zu "sachlich" ausfällt), Großbritannien, Vereinigte Staaten und Belgien. Die Analyse der jeweiligen Systeme erfolgt unter folgenden Gesichtspunkten: Nationalcharakter, Regierungssystem, historische Entwicklung des Landes, Religion und Weltanschauung, Sozialstruktur, ökonomischer Entwicklungsstand, Bildungssystem im allgemeinen.
Sie beschreibt ebenso Zulassungsvoraussetzungen, Lehrpläne, Themen der Unterrichtsveranstaltungen, Prüfungssysteme sowie Arbeitsfelder der Sozialarbeiterschulen. Es folgen kürzere Darstellungen der Schulen anderer europäischer Länder sowie der britischen Dominions, Lateinamerikas, des Nahen Ostens und Asiens.
Der zweite Teil enthält eine nach Ländern geordnete Übersicht über Sozialarbeiterschulen und -kurse der ganzen Welt. Aufgeführt werden Ziele der Ausbildung, Studiendauer, Zulassungsbedingungen, Lehrpläne, Abschlüsse und Zertifikate sowie Studentenzahlen.